GLOBAL CAPITALISM

# 全球资本主义

【美】米格尔·森特诺　约瑟夫·科恩 著
郑方 徐菲 译

中国青年出版社

# 鸣　谢

首先我要感谢普林斯顿大学社会学系的同事和学生。因为是在这样一个学术氛围浓郁、互帮互助的环境下，我才得以从社会学视角探讨经济体系及其相关问题。我尤其要感谢维维安娜·洁丽尔，她是我在这个领域中的启蒙老师，要写这本书的想法也源自于她。

本书的大部分内容都是我在西班牙沙拉曼卡大学当访问学者时完成的。感谢大家。

做学问的人总有些这样那样的毛病，我的家人却对我万分包容、爱护有加。亲爱的黛博拉·凯博尔、亚历克斯·森特诺、玛雅·森特诺，谢谢你们一直以来的宽容和耐心。

在写本书的时候，我在华盛顿特区待了很长时间，陪伴我的好兄弟、一生的挚友奥杜罗·吉隆走完人生最后一程。我无法用言语描述他绚烂非凡的一生，以及他的逝去留给我们的悲伤和痛楚。黛比·安可儿、劳拉·吉隆，还有卡洛斯·吉隆，我希望我们能永远记住一起在海滩上度过的美好假日时光。

米格尔·森特诺

感谢我在卡尔顿大学、布宜诺斯艾利斯大学和普林斯顿大学的老师们。很显然，米格尔·森特诺就是其中之一。我要特别感谢保罗·迪马吉奥、布鲁斯·威士顿以及斯科特·林奇在我身上花的大量时间和精力。

我还要感谢皇后大学这个新集体。我非常喜欢这里的工作，也感谢同事们在我职业生涯之初给予我的帮助和信任。

我还要感谢我的终身伴侣格利特·达顿。在本书写作期间，她挑起了抚养女儿、料理家务的重任。谢谢你，格利特。

丹妮尔，你是我人生的曙光，是我存在的理由。你刚出生的这两年给我带来的快乐远远超出了我的想象，我爱你胜过一切。

还有一个月就要出生的小女儿，我迫不及待想要见你，希望我们此生能彼此爱护、一同嬉笑、互相学习。

约瑟夫·科恩

# 目 录 | CONTENTS

# 前 言

1989年11月9日柏林墙倒坍，这标志着冷战的结束和其旷日持久的意识形态斗争的终结。东西方两大阵营在什么是自由政治经济这个问题上争论了数十年，而苏联的解体似乎给这场胜负之争下了定论。弗朗西斯·福山(1992)自信地宣称冷战的结束意味着“历史的终结”，象征着民主资本主义史诗般的最终胜利。

20世纪中叶大萧条过后，政府曾大肆干预国民经济，社会主义也一度盛行。资本主义对其的决定性胜利持续了大约20年。从1989年到2007年，“亲市场”(pro-market)的理念深入人心。托马斯·库恩(1962)称其为统治性范式，安东尼奥·葛兰西(1992[1927])称之为霸权信仰体系。资本主义自由市场得天独厚的优越性似乎有着无可辩驳的历史依据。现在看来，不管这种绝对性的结论是多么问题重重，在当时都是非常强大而有说服力的。各国政府都认为放任自流、没有管制、私有经济主宰的市场是任何社会的最佳选择，并且乐此不疲。这场经济改革的全球性试验产生了复杂的结果，它创造了前所未有的财富，但也滋生了新的不安全性和困境。它使社会摆脱了权贵斗争的桎梏，但也引发了新的矛盾。

如果“历史”在1989年结束，那么2008年9月15日雷曼兄弟宣布破产时，“历史”便重新开始了。而这场开幕大戏只不过是导致世界经济严重衰退的全球金融危机的一个公众焦点罢了。仅在2008年，全球金融市场就蒸发了25万亿美元的财富[①]（有人会说金融市场本来就是高风险、难预测，但对于那些蒙受损失的人而言却非同小可）。增长中的经济体遭遇缩水，满载货物的船只停在码头，不知销路在何方，而那些一度公认的铁饭碗也消失得无影无踪。媒体从对市场的吹捧转向了对20世纪30年代大萧条起因后果的深层次、全方位的分析。

2008年的经济危机也唤起了人们对全球经济的审视。我们对全球资本主义的伟大试验终究以失败告终了吗？原因何在？过去30年的各种经济自由化改革都让我们生活得更好吗？本书从社会基础、涉及范围、影响效果及民生净福利这几个方面入手探究全球资本主义这一伟大试验，希望给感兴趣的人们提供些想法和借鉴。本书的目的在于阐述什么是全球资本主义、它在世界经济中根深蒂固的位置，以及伴随着全球资本主义的崛起所产生的社会变化。

本书明确使用了社会学领域的研究方法。早在社会学诞生之初，社会学家们就对资本主义产生了浓厚的兴趣。不同的学者关注的重点也不尽相同[②]：卡尔·马克思认为认识资本主义的关键在于理清资本所有者和出卖劳力的人之间一系

---

① 《华盛顿邮报》，2009 年 1 月 11 日，第 5 页。

② 将这些学者的文献信息一一列举出来太过冗长，有兴趣的读者可从SmeserandSwedberg(2005)的书中查找介绍和全部书单。

列关系的历史演变。在马克斯·韦伯看来，资本主义由市场交易的中心决定，因为市场是理性、禁欲主义和创业精神的交汇之地。乔治·塞莫尔并不太在意资本主义本身，他更关注现代社会中金钱的中心地位。约瑟夫·舒比特对资本主义的创业精神尤为感兴趣，他认为创业精神的“创造性破坏”反而削弱了保持创新体系所必须的机制体制。卡尔·波兰尼注意到完全出于利益驱动的对“纯粹”市场的追求注定遭遇惨败。人们必须明白，资本主义是“根植于”同样保护“社会利益”的一系列社会体制中。近年来，社会学家逐步意识到社会经济生活与社会网络（马克思·格兰诺维特）、人际关系（维维安娜·洁丽尔）、阶级力量（威廉姆·罗伊，查尔斯·佩罗）、体制机制（保罗·迪马吉欧和华特·鲍威尔，尼尔·福里格斯坦），以及具体的国家设置（法兰克·多比，罗纳多·道尔，毛罗·圭兰）息息相关。

我们没有把全球资本主义当成植根于普遍科学原理中的类别命令，而是视它为一种社会历史建构的世界观。这一做法将研究全球资本主义的方式、途径内在地联系了起来，也决定了本书所用的观察资本主义的社会学视角。过去20年里，许多人断言资本主义（或者是市场、全球化等）“无可替代”。社会学家对这种认为经济治理和经济生活仅有一套统一准则的观念提出了挑战。作为一门学科，社会学一向本着凡事都有替代选择的原则。本书即在于分析一种选择如何取得主导地位，及其原因所在。

鉴于社会学家习惯批判地看问题，人们会试图用2008年的经济危机为社会学观点证明。在我们看来，这种做法是不恰当的。原因如下:第一,现在很少有人依然坚持放任自流、不受管束的市场是经济存在和发展的必备条件，抨击这种“假想敌”对我们没有任何实质帮助。第二,不少其他领域的学者与社会学家有类似观点。他们也表达了对自由资本主义带来的经济纯利益的担忧。几个国家早在2008年之前就不再一味地迷信自由市场。事实上,我们的批判和思辨并没有什么与众不同,也不是在为我们的分析模式辩白。更重要的是,过去20年经济发展中的种种好坏都不能完全归咎于市场本身的存在或缺失。

本书将全球资本主义当成一个历史创造的社会体系来进行分析——它是在应对挑战和履行承诺的过程中逐步形成的机构与个人间的一种关系建构。全球经济不是凭空而出,而是数百年来无数交易及其结果的产物。全球资本主义是通过对行为的预期和体制化的规则形成的社会建构。它的发展进程实质是内化在全球和国家制度中的一套权威的、元理论原则的传播和推进。本书表明这些发展的结果就是形成了利益与代价层级分明的全球体系。本书也提出了理解这一体系如何运作的方法,以及它们所代表的挑战。

经济秩序理论兴起于18世纪,这一领域的一些早期评论家(Hirschman,1977)将新经济比喻为一台机器甚至一座钟。我们认为这一形象的比喻有助于我们理解过去两百年来全球资本主义体系的产生和发展。全球资本主义曾经是,现在依旧是一台高效无比的机器,它以不可思议的速度进行着生产和消耗。本书绘就了一幅理解这座全球资本主义之“钟”内部运作的解析图。跟所有其他机器一样,它也会发生故障。我们阐释了它的构造方式，以及如何在建构的过程中找出其故障的潜在原因。通过对各个零件拆分解析，我们希望能让大家了解为何全球资本主义在创造如此巨大财富的同时却濒于分崩离析。

全球经济体系并不是台简单的机器，它极为复杂。复杂的体系中包含着数不清的部件，并且每个部件都半自主地运转着（即使各部件相互联系）。更重要的是，诸多组成部分的相互作用产生了集合行为。它不是个体行为的简单之和，而是对彼此行为持续回应的结果（这种特性被称为“羽化”）。这些体系的特征是每个行为的结果环环相扣，从而产生明显的结果。这些显性结果不一定与单个行为有直接联系，也许是在各个行为相互作用的过程中产生的。这些相互作用的规模和范围都在不断扩大，以至于越来越难控制整个体系，小的错误或故障也越来越容易引发危机。从这个角度看，2007—2008年的经济危机并不是经济系统的失常反应，而是长期以来全球资本主义中各个矛盾累积的结果。用查尔斯·佩里的话讲，它就是场正常的意外——紧密结合的部分间不可避免（而非不可预料）的相互作用所导致的系统失灵。这场危机是误信历史可以避免的结果，是认为普遍原则之下没有例外的后果，是我们只顾享受复杂体系带来的好处而不考虑其潜在危险的下场。

当今世界见证了250年来物质财富、技术创新、科学进步和人口数量前所未有地增长。与此同时，这个世界也充斥着严重的社会问题，经受工业压迫和暴力。在支持者看来，资本主义带来的是自由和财富，遵循着基本的自然法则。而反对者却认为资本主义是对人性的践踏，是剥削产生的根源。这两种观点都有可取之处，但也都掩饰了自身的缺陷，忽略了相反观点的某些正确性。全球经济体系充满了矛盾。的确，资本主义依赖于人类追求自我保护和自身利益的本能，它也给予了人们实现这一本能的自由，但它同时也是映射权力分配的历史产物。也就是说全球经济体系没有完全解放人性，也不是对人性的单纯反映。资本主义就像个神奇的信息处理器，使无数看似随机的事件变得合理，以此创造物质财富。但它也会加剧系统性的不合理，带来危机和各种经济困境。

# 第一章
## 全球资本主义

定义资本主义有两个关键的制度——私有财产与市场交换。二者均有深厚的历史渊源，即它们是前代人（主要是近代人）所创造并形成的，并不构成人类社会普遍的、永恒的制度。私有财产和市场交换是社会性的，在不计其数的政治、经济、文化甚至军事冲突中得以形成、推广并最终根深蒂固。我们理解的经济运行方式中的“正常状态”或“自然状态”并不归入到这两类制度中，因为它时时出新，令人称奇。

谈到资本主义，人们常会将之与以下概念相联系：商业、货币、自我利益的追逐，以及“有”与“无”之间的冲突。但这些并非资本主义的概念特征，或并不为其专有。事实上，在前苏联、封建时代的法国、古罗马以及《旧约》中的以色列，所有这些概念已然存在，而这些社会却无一被描述为“资本主义”国家。由此可见，资本主义一词涵盖的范围远大于此。私有财产和市场交换制度必须与所有制或商业的常规做法区分开来，它们所代表的可被称为核心经济规则，正是这些规则支撑着现代国家和群体之间的社会契约。私有财产和经济市场在同一个管理结构中合法相容。资本主义即是遵照那些规则运行的经济系统。

在资本主义体系中，物、货币、思想和空间，均可被个体或法人实体，如公司所分配。所有权决定了他们有权支配这些资产如何使用，从这些活动中索取利润或回报。若试图重新占用这些资产，不仅违法，亦不符常规。这到底在多大程度上标志了巨大的历史变革，在此值得一提。不久之前，许多人对自己的躯体尚不具备所有权，或被剥夺在市场上出售自己劳动的自由，他们对自身尚无支配权，更遑论其他资产。而如今，财产一词的内涵已扩展到极其宽广的范围，人可以拥有自己的肖像、思想，甚至基因顺序。私有财产无论是被广为颂之抑或被抵制抱怨，其本身都是资本主义的核心要素。唯有认识到这一点，资本主义剩下的经济和政治结构才不至于土崩瓦解。从资本主义的角度上讲，人便是由其所拥有和出售之物决定的。

资本主义社会已经形成一套完备的基础设施，以保证并促进通过市场而进行的自愿交换。历史上，多数的财产转移（不限于日常生活中的小额交易），是通过胁迫占用和政治资助的方式完成的。在古代经济体制下，大多数的资产是通过抢夺这种方式流转于各群体之间，而交换，同不动产的转移是通过政治力量的获准而非购买的方式一样，在当时司空见惯。（Finley，1999[1973]）。随着时间的推移，有一些群体便创制出一定的制度，允许并鼓励自愿交易，以价格和质量竞争为基础。这并不意味着资本主义的运行已免于强权或暴力。此说法旨在强调，个体在明确的法制框架下，在多大程度上拥有自主权是这种经济生活的主要运行原则。

在理想状态下，每个经济活动参与者，无论是财产的拥有者，还是出卖劳动者，均可自主决定售卖物、租金及其所有之物的使用方式，所遵循的唯一准则是追逐自身利益。交换连接着数以亿万计的供与需，所有这些交换活动都集中于市场中。从单个的购买者和售卖者之间面对面的洽谈协商，到数百万人参与的派生物的电子拍卖，市场基本平衡了商品和服务的供给和需求。而供需之间的平衡这一内在逻辑便是市场分配商品和收支流动的依据。

## –多样性与合一性–

然而，在这个基本框架中，资本主义的组织方式千差万别。不同的资本主义有不一样的形态，它们的发展方式与经历也各不相同。学者们将不同形态的资本主义进行了归纳分类。不少人认为不同形态的资本主义间的主要区别在于国家的参与程度，更重要的是投资的分配方式。

例如，彼得·霍尔和大卫·索斯凯斯（1999）将资本主义形态分为“协调市场经济”（coordinated market economies）和“自由市场经济”（liberal market economies）。两者本质上均为资本主义体系，这是因为它们都承认财产所有权，尊重市场的中心地位。但是这两种制度在组织管理方式上却有重大差别。自由市场经济中，行为决策都是通过公司内部或不同企业间的层级制度制定的，关系密切程度成了计算个体利益的工具。协调市场经济下，关系存在于正规市场机制之外，并且需要在追求集体目标时展开合作。在这种情况下，投资选择就需要资本所有者（通常为银行而非个人）、劳动者和政府进行协调。

两者间的另一个区别(与前一个有所关联)在于其民众的福利水平。一般而言,自由市场体系下的安全网要小于协调市场体系。因此,一旦人们无法找到薪酬丰厚的工作,他们就很有可能陷入经济拮据的窘境。美国就是自由市场体系的典型,其公共福利例如最低收入标准、儿童保育和医疗保险水平都低于经济发达程度类似的国家。相比而言,欧盟国家的政府补贴资助范围广、力度大,以保障那些无法通过市场参与保证自身经济安全的人们。尽管这两种体系根本上都属于资本主义经济,但它们对人们保障基本生活所要付出努力的程度却不同。

威廉姆·鲍莫尔和他的同事(2007)对一国的企业规模和垄断权力的大小进行了分类,它适用于部分甚至所有市场。分类标准是创业意识或制造宣传新产品新手段的水平。在鲍莫尔看来,各国经济可以分为国家资本主义(政府起主导作用)、寡头资本主义(以极少数人的利益为核心)、大企业资本主义(大型企业占支配地位)以及创业型资本主义(小型创新型企业起主要作用)。倘若政府调控驾驭得当,国家资本主义(以20世纪50—70年代的东亚经济体为代表)能取得巨大成功。一些经济体就是如此,而另一些却遭遇了重大失败。寡头资本主义通常存在于依赖商品生产的经济体中,例如中东石油生产国。一些拉美国家的经济也接近于寡头资本主义。这些经济体的财富与单一产品的价格牢牢联系在一起,遵循着“繁荣与萧条”更替的发展模式。在大企业资本主义中,一些有影响力的企业或集团掌控了整个经济。以20世纪80年代的日本和韩国为原型,这两国的成功证明了大企业资本主义的优越性，但在某些工业领域，例如美国汽车制造业的失败则暴露了其缺陷。最后一类是创业型资本主义，它的典型代表不是某个国家，而是一些地区性经济，例如美国西北太平洋沿岸和意大利艾米利亚-罗马涅地区。因此，创业型资本主义几乎不可能永远保持下去，它通常与大企业资本主义交融在一起。

请注意，这四种类型的核心准则依然是尊重私有财产和市场交换，它们之间的区别只是贯彻这一准则的制度机制不同。这些不同的制度机制也反过来决定了谁将从全球资本主义中获利（以及获利多少），谁会为之埋单（以及付出多少代价）。

尽管这些分类有助于我们理解资本主义的各种可能形式，但却无法理清其对各国经济与全球市场一体化程度的影响。全球资本主义这一词汇的含义远远不止跨国境的经济活动这么简单。至少在理论上，一个与外国有少量贸易往来但在国内却被垄断独裁的经济体也可以成为"全球化"的经济体。再举个例子（这种情况在19世纪不胜枚举），有些国家间的经济联系仅限于奢侈品或少数"产品"（例如糖和奴隶）的交易，但它们依然称得上全球化经济。实际上，真正意义的全球化经济意味着经济体几乎无法独立生存，它们相互联系，相互交织，进行着产品和服务的广泛流通。全球化经济还假定参与各方均认同"游戏规则"，包括计算准则或商业规范。

随着财产和市场这两种制度的牢固确立，全球资本主义也应运而生，并逐步延伸到几乎世界的每个角落。50年前，世界上许多经济体都被政府牢固掌控着，处于半专制状态。在

1959年的许多国家里，对私有财产神圣不可侵犯的意识是薄弱的（如果这种意识存在的话），对私有市场的力量和自主权的认识更加有限（私有市场本身就明令禁止）。外国市场和投资者也都是小角色。直到2008年夏天，私有财产和市场才成为绝大多数国家经济及其相互间关系的主要特征。社会将几乎一切制度或产品商品化、交易化、货币化，没有哪个经济体能承担被孤立的后果。

结果就是我们生产出更多的产品，更频繁地进行交易，消费总量也与日俱增。全球经济总量节节攀升，尽管受最近一次经济危机的影响，全球经济增长在过去半个世纪中一直保持着史无前例的速度。从1950年到1998年，全球GDP增长了6倍，平均年增速为3.9%。这一数字在1820—1950年的130年间仅为1.6%，而在1500—1820年期间只是可怜的0.3%。过去的10年间（2008年夏天之前），世界经济增长了1/3还多，某些经济落后地区的增幅甚至达到了2/3。世界人均财富拥有量（平均而言——许多人高于平均数，但绝大部分人都低于平均值）是100年前的7倍，50年前的4倍[①]。这得益于科技进步，过去50年里，每小时劳动生产率提高了5倍。每年的商品出口总值（输送到国际市场上的货物总值）高达10万亿美元。全球年均资金流量也非常惊人，其中境外投资6250亿美元，流动人口带来的跨境汇款达2270亿美元，以及7500亿美元的国际游客花销。货币市场的日均交易额也高达1.5万亿美元。

① 除非明确标注，本章数据均为2007年数据；2008年数据在本章末进行分析。本节数据来源于世界银行和联合国开发计划署。

尽管全球资本主义给不同人群在不同时间带去的感受不尽相同，但它代表了世界各国在过去三四十年里的一种主要现象。我们对国内资本主义的形式越来越不在乎，取而代之的是不同社会如何感受这种全球多样性。也就是说，国家间的多样性被淡化，而合一性逐步凸显。从某种意义上讲，全球资本主义就是各个社会在你争我夺中趋于一致的历史发展。从广义上看，全球资本主义体系中的所有参与者都必须遵循同样的规则（有些规则制约着所有国家，另一些则选择性地制约）。可以说，世界上多数国家处于全球资本主义秩序之中。跟1989年之前的情况不同，不接受这些游戏规则的国家注定被边缘化。

跨境交易中显性或隐性的规律其实都遵循着一套规则。民族国家设立并保护着财产相关的权利。因此，全球资本主义在很大程度上仍然依赖领土归属这一似乎过时的概念。尽管有些国际机构负责监管规范财产债权（这一点对知识产权尤为重要），但个人或企业仍需向财产归属国索偿。需要注意的是，没有哪个国际机构有权力将这套规则强加于主权国家，凌驾于它们的法律之上。全球资本主义最有意思的悖论之一就是，它的发展动力必须依赖于主权国或非主权国的治理。

这些内在含义对全球经济体系的正常运行至关重要：国家必须承认他国公民的财产债权，对产品和服务或劳务承包进行跨境付款——资产向境外转移，必须在确认收款后才完成权利移交。全球资本主义体系中的现有规则基本源于18—19世纪时西欧北美国家管理规范其国内市场时制定的规则。

这一点对理解许多关于未来市场设想的国际争论非常重要。资本主义准则是"自然形成"还是部分国家支配世界的历史延续？对这个问题的不同回答会导致对资本主义截然不同的态度（Robinson，2004）。因此，观察和分析全球资本主义的不同社会背景也会带来大不相同的结果。

承认全球资本主义参与者的动机也相当关键。在21世纪，追求自我利益，尤其是从交易中获得利润是理所当然的。的确，有些国际组织是非营利性质的，但全球经济在运行过程中假设每个人都设法从每次交易中获利。举个例子，国际粮食贸易不是以填饱世界人民的肚子为出发点，而是期望从商品销售中赚取利益。众所周知，银行的宗旨是追求短期利润，而不是建立稳固的支付体系、提供透明的经济信息或是进行资源优化配置。世界上大部分人都觉得这无可厚非（只要有足够的人接受规则，游戏就能继续下去）。这个问题还可以理解为对人类本性和选择的解放，抑或是用物欲奴役我们的情感。不论怎样，我们都应该认识到这一提出不久的以自我利益为中心的假设是全球资本主义的核心基础。而对这一假设的否认也成了拒绝全球资本主义的主要原因。

另一个关键规则涉及跨境贸易的自由度，阻碍跨境交易受到越来越严厉的制裁。纵观历史，资本主义体系在全球范围内的开放程度最深，关税、补贴或禁运等贸易壁垒也越来越少见。当然也有很多例外情况，它们多源于权力的不对称（后续章节将详细讨论）。总体看来，不受严重政府干预的国际交易（产品、服务和金融）的比例一直在增加。劳动力贸易是个主要例外，与历史惯例恰恰相反。目前国际市场上几乎可以自由买卖任何资产，除了劳动力(一些高端领域除外，例如娱乐行业或高等教育)。国际市场有不同准入标准(商品资金流通相对便捷，而对劳动力流动的规定却很严格)，这恰恰再次证明全球资本主义不是凭空而出，而是内在利益和权力斗争的产物。

## –同一体系中的不同角色–

将唐纳德·布莱克的法律行为理论(1979)应用到全球体系中，我们可以发现这些规范规则在体系边缘的国家里越发模糊。资本主义体系核心国家间较严格地执行着这些规则，其关系也较对等。的确，经济合作与发展组织的成员国间时有边缘政策的发生，但它们都致力于维护国际贸易、投资和私有市场。

再看资本主义体系的边缘国家，它们的民主程度、打压腐败的力度、政府治理能力和平均生活水平都与中心国家有着较大落差。这些边缘国家通常被称为“世界边缘”。这些全球经济边缘国家间的贸易往来，甚至外交关系，都充满了不确定性、低透明度、系统性不稳定，以及经常错失经济发展良机等问题。处于体系中心的国家与边缘国家间的关系深刻反映出权力不对称。

那么中心与边缘的区别在哪里？在沃勒斯坦 (1996)看来，最明显的区别在于社会所有资本量的不同。简单点说，有钱就是区别。同样重要的是，中心国家有能力掌控这些资本。归根结底，国家依旧是全球经济中最重要的角色。对任何社会经济特征、势力和繁荣的判断都必须考虑政府在其中的作用。资本主义中心国家不仅经济富裕、实力雄厚，而且政治稳定、军事强大。政府在推进科技进步、推广基本医疗、提高教育水平等许多其他方面也起着实质作用。一国的富裕程度与其人民的素质水平密不可分。我们还可以这样理解中心与边缘的区别：全球经济体系之所以是资本主义的，是因为处于中心地位的是资本主义国家。对于边缘国家而言，它们有资本主义属性只是因为全球体系是资本主义的。

美国是资本主义体系的核心、中心战场和主要保障[①]，其经济保有量占全球经济总额的1/4（不论是实际资产还是金融资产）。加上加拿大和墨西哥这两个强大的伙伴(有些人认为它们只不过是傀儡)，北美自由贸易组织(NAFTA)的经济总量占到了全球的30%。因此，仅其巨大的经济总量就在一定程度上支配了北美与全球经济的关系。首先，美国国内市场规模大，故减少了经济上对贸易的依赖(商品服务的出口额仅占美国GDP的10%，而这一数字在法国是26%，德国为35%，韩国甚至高达44%)。同时，它也是世界上最大的消费国，为其他国家的产品提供了广阔的市场，并吸收了全球16%的出口贸易。一旦美国人停止消费，全球经济体系将面临严重衰退(即使不是轰然坍塌)。美国还是全球资金流的中心目的地，每年在这里完成的净资金交易额高达5000亿美元。国际货币兑换最主要是以美元为对象，并且各国资产额基本都以本国货币和美元进行标价。尽管最近有减弱趋势，

① 本书按地域对世界进行划分。一些人认为阶级分类法更为恰当，但是，正如我们在第六章中所述，全球不平等起源于所处国家的不同。

但美元、美国银行系统，以及美国股票市场依旧是世界金融的风向标和救世主。

资本主义体系的第二集团囊括了全球资本主义的其他主要国家和地区。第二集团可以进一步分为欧洲小组，它包括英国和欧元区以及亚洲小组，成员有中国台湾、日本和韩国（我们在后面单独讨论中国）。这些经济体的重要性也毋庸置疑。然而，欧盟的经济总量虽然大于美国，但没有哪个国家能单独挑战美国的中心地位（德、法经济总量之和约为美国的40%，日本仅占30%）。尽管如此，这些国家在全球商品贸易中比美国扮演着更重要的角色。法国、德国、英国、日本、韩国和中国台湾的商品出口额加起来几乎是美国的两倍，达到全球总量的1/3。在汽车、钢铁、电子产品等工业领域，它们的份额更加可观。这些国家和地区同时也是商品贸易的主要市场。在金融领域，欧元的崛起以及24小时不间断的电子商务使得这些国家和地区的地位与美国并驾齐驱。例如，伦敦也许正取代纽约成为全球金融中心（假若某个城市还能扮演“金融中心”这个角色的话）。

这两大集团也许与资本主义相关文献中的分类方法不完全吻合。加拿大、美国、墨西哥地域相连，但其国内政治经济体系却大相径庭。在第二集团中，相比北欧国家，英国的资本主义形式与美国更为接近。日本、韩国则开创了国家资本主义与大企业资本主义结合的模式。我们因此注意到，分析所谓的国内资本主义与本书的研究重点，即全球资本主义是有明显区别的。但是，从它们在全球资本主义中的角色来看，这两大集团形成了资本主义体系的中心，当然美国仍旧处于最核心的位置。我们也不能忽略集团中其他成员的重要性，要知道，它们以世界上1/6的人口创造了全球3/4的收入。

还有另外三大集团也值得我们注意。第一个也是对全球资本主义未来格局影响最大的一个，就是那些期盼进入体系中心的国家。它们中最有实力的四个国家是巴西、俄罗斯、印度以及重中之重的中国（也就是“金砖四国”）。这四个国家的经济总量约占全球总量的10%（排名分别为第10、第12、第11和第4。尽管如此，它们的经济总量却只有美国的一半左右）。它们在全球贸易中的地位更为显著。中国是这一集团里的主角，与美国一样地位特殊。然而，“金砖四国”的国内发展水平极不平衡。以中国为例，其东部沿海地区明显够得上全球资本主义的中心位置，但它有大约一半的人口仍处于体系的边缘。同样的情况在巴西和俄罗斯也很明显，印度的两极分化则更为严重。发展的不平衡不仅会妨碍这些社会彻底融入全球资本主义，还会成为其持续成功的长期绊脚石。

另一重要集团主要由日用品主产国组成，它们为全球资本主义提供原料——石油、天然气、矿产和粮食。该集团可进而分为两个小组，其中一组国民富裕，是建筑、武器和奢侈品（海湾国家）的重要消费市场；另一组也有着上面提到的社会两极分化的特征。这些国家的产出对世界经济意义重大，但整个国家经济依然处于欠发展状态（安哥拉和刚果是两个典型）。依赖于日用品的价格，这些国家在全球资金流上也扮演着非常重要的角色。

最后一个集团则包括剩下所有因各种原因被全球资本

主义边缘化的国家。它们几乎都来自撒哈拉以南的非洲、南亚和拉丁美洲。这些国家的人口占世界总人口的1/3,但生产总额的全球占比还不足3%,国际贸易中的分量更加少得可怜。它们以出卖当地日用品,不透明的金融体系,或廉价、无监管的劳动力为主。它们长期以来遭受世界列强的破坏和国内斗争的摧残。它们拥有大量处于社会和全球资本主义边缘的人们。它们本可以是经济繁荣的沃土,但却沦为暴力、腐败、无序、剥削的荒地。

世界各国之间存在着切实差距(未来同样如此),这些差距不容小觑。然而,全球资本主义也可视为当代全球社会中的一股匀化力量。变化规模之大可从一系列国际经济数据中得见,对这些数据的分析也将贯穿全书。但是,除了影响当下宏观经济指标外,资本主义变革同时改写了许多经济生活以之为基准的文化假设。市场逻辑广泛传播,渗透到日益扩大的工具性交易中,这大大改变了全世界的社会生活(Zelizer,1994)。市场逻辑可以理解为一种社会组织形式,并以物质主义、个人主义和理性效用最大化为前提。由此而论,物质主义指的是将商品服务的供给和消费当成社会目标和成功标准。"好的生活"就是我们能尽可能多地占有和消费。相应的,"好的社会"为人们提供最大的消费可能。个人主义指组织一个人人为追求自身利益而努力的社会的欲望或实际需要。集体或国家利益高于个人利益的社会需求是不受欢迎、难以容忍的。理性效用最大化指的是越来越多地使用成本效益分析为实际社会决策提供依据。能带来经济利益的决策是可行的,而会导致经济损失的决策则要避免。

## –历史创造–

资本主义的发展往往被看作是单一的、单向的、自然的、不可抗拒的历史趋势，然而当今全球资本主义既不是势在必行也非不可避免。相反，它的产生经历了一段漫长混乱的过程，这个过程中充斥着物质财富、文化、体制、权力的相互斗争。

在资本主义社会，追求自身利益或剥削他人劳动都不新鲜。经济交换在许多没有资本主义特征的社会中都存在。我们有证据证明早在文字发明之初就存在市场交易（这两者的产生也有内在联系）。全球贸易可追溯到罗马帝国与汉朝的贸易往来，它将地中海跟丝绸之路联系起来。10世纪时，撒哈拉联系起非洲大部分地区，到了13世纪，印度洋成为全球贸易的中心地带（Abu – Lughod，1989）。香料贸易征服了美洲大陆，奴隶经济的产生进一步使全球经济成为一体（Braudel，1982）。19世纪达到顶峰的帝国时代形成了基本的政治和经济基础，它的传统一定程度上决定了今天的全球资本主义。

但是，资本主义的政治社会基础不仅仅代表了市场交易，还应包括对建立一个交易和合约体系（从而允许个体间发生关系）的认同。这些基础从何而来？17世纪初英国和荷兰东印度公司几乎同时成立，这可以看作全球资本主义的正式诞生（Wallerstein，1974）。这些经济活动的形式与之前的区别在于其所有权结构（基于权益股份）、规模（每个公司有成千上万雇员，控制广大的领地，在世界贸易中占重大份额）和在全球势力范围的不同。之后产生的奴隶贸易同样代表了一种市场交易形式向全球的扩张。请注意在这些例子中，变化的拐点是欧洲权力扩张和一套体制逻辑的强行实施。这一逻辑是为欧洲大陆的权贵阶层创造利益而设计的。有些人认为这些源头也是全球资本主义的特征。

这种权力扩张伴随着科学技术进步和组织形式大变革。从18世纪早期至中期开始（农业和工业革命开始的准确日期一直都无定论），历史上制约生产的枷锁被打破了（Maddison，2011;Overton，1996）。从此，农业生产接着是工业制造开始飞速发展起来。工业的进步一部分得益于机器的发明创造，它们利用蒸汽或用煤做燃料提高生产力。除此之外，它还得感谢一种新的组织形式——工厂。

关于变革开始的准确时间、变革原因，以及为何以英国和西北欧为中心（在这点上尚未达成共识）等问题，学术界展开了长期争论，并形成了丰硕的研究成果。在本书看来，争论双方可大致分为两派，一派认为组织和技术创新是变革的核心，另一派则坚持特定社会群体的利益是关键所在（Landes，1999;Perrow，2005）。我们认为，这种非此即彼的看法没有多少实际历史依据，更多的是一种资本主义综观（总体看来是有利的，但真正受益的只有部分人）。再者，从全球资本主义的角度看，争论的国内因素较少，主要原因在于这场经济变革发源于北美和西欧的资本主义市场，并且假若没有“西方国家”的全球扩张，资本主义对霸权主义的胜利也几乎不可能实现。也就是说，资本主义的发源地和产生时间决定了很多（即使不是一切）方面。

当代全球资本主义更直接地起源于1820—1870年间，再到1914年。第一阶段建立了技术和社会基础，起初在英国，接着是比利时，再后来到整个欧洲大陆。第二阶段多国经济出现了井喷式增长，并且随着德国和美国的崛起，大英帝国的主导地位开始逐步松动。这些年里，生产力变革也开始起步，标志着工业资本主义漫长进程的开端。1870—1914年间，西欧的生产力水平年均提高1.5%，美国接近2%。这意味着在大约40年的时间里，每个工人生产的产品是之前的两倍。

这一时期还见证了社会集合（将更多人和地域融入同一经济生产分配体系的过程）的迅猛发展。许多从根本上提高我们物质生活水平的社会创新都包含了集合的过程，例如劳动分工、规模经济、经济分工和资源共享。16—18世纪，西欧国家大大巩固了其国内市场和政府力量。与此同时，它们也想方设法在政治经济上染指并最终控制世界其他地区。欧美产品遍布全球，初级产品流入世界生产中心（欧洲和北美）进行再加工。这一过程中，国家同样扮演了至关重要的角色。只有国家能提供保障，规范国内市场的秩序准则；也只有国家能保护在国外经商的本国商人。至少从这个层面上考虑，我们无法想象没有国家干预，全球资本主义发展的路在何方。

西方国家快速发展，而其他地区依然停滞不前（换个角度说，这是帝国主义体系刻意而为），因此财富积聚的同时出现了世界范围内收入的巨大差距也不足为奇。绝大部分估测均认为直到1500年，全球经济增速虽然缓慢，但相对平均。到1870年，全球人均财富量比1500年翻了一番；到1913年，这一数字增长了两倍。相应的，欧亚财富的比例维持在6：1，北美财富则是非洲的近10倍。这种地区财富差距及其持久性（除了亚洲这一特例)在很多方面仍然决定了当代资本主义面临的诸多挑战(DeLong,1993:4)。图1.1展示了1820年以来的经济迅猛增长(实线和右侧Y轴)。它同时体现出从1800年之后西欧及其“分支”的全球财富占比如何呈几何级数增长。学界对这种截然不同的发展结果的原因纷争不下,因此任何文献综述都是不充分的。这些原因包括帝国主义背信弃义、文化优越性等,不一而足。该争论在第二章中有所涉及①。现在先讨论两个关键现象:第一,全球资本主义的兴起与欧洲的全球扩张间至少有着历史时期的吻合;第二,进入20世纪以来,西方国家的领先优势愈来愈明显。

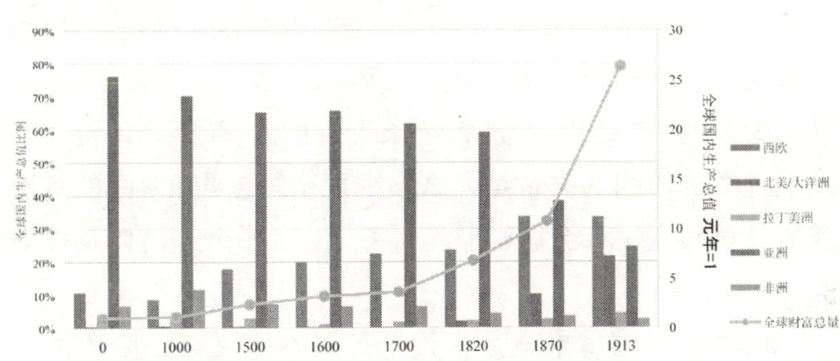


来源:麦迪逊(2001:261)

**图1.1 地区财富在全球财富的比例**

资本主义的大跃进和同时进行的社会集合过程(先是国内市场后是全球市场)带来了两大与“控制”有关的矛盾(Polanyi,1944)。首先,19、20世纪之交的社会变得更加庞大,从某种意义上,更加难以控制。其次,资本主义极大改变了日

① 作为开始,请参考 Pomeranz,2000;Pomeranz and Topik,2005。

常生活的常态和可预测性。全球资本主义的发展从很多方面使物质生活更加稳定丰富，但却大大增加了参与者间的依赖度，从而降低了其独立性。20世纪的第一次世界大战和大萧条时期，社会控制和经济稳定成为严重问题(Hobsbawm，1994;Frieden，2006)。在世界强国中，市场和资源的竞争导致少部分是受其资本主义竞争的驱使。新的经济体系引发了一系列社会斗争，斗争双方包括已有殖民地的和没有殖民地的，从自由贸易中获益的和需要贸易保护的，支持昂贵的黄金货币的和需要稍廉价的银币的，当然还有“万恶作坊”的工人和主人。世界大战破坏了1914年之前建立的体系，动摇了资本主义的根基。经历了战争的洗礼和数年战后繁荣，世界经济开始了长达数十年的下坡路，物价下跌，生产力下降，贸易减少，失业率上升。经济大萧条告诉世人，新型全球资本主义下各经济体间的关系是多么错综复杂。主要国家间的货币或商品贸易变更都会影响整个体系，没有哪个经济体是孤立的。

这些危机的后果就是当代全球资本主义第一阶段的瓦解，它甚至险些被当成一种政治经济体系而废除。资本主义在“一战”后的20年里出现了不少败笔，最终引发了惨绝人寰的第二次世界大战。这给资本主义体制的批评者落下口实，也激起了对资本主义的政治遏制。在此关键的十字路口，一个国家的举动及其制订的世界经济秩序决定了现今全球资本主义的发展道路。

在1945年这个满目疮痍的世界面前，美国几乎主宰了全球经济的方方面面。世界上一半的产出来自于美国，它生产的粮食填饱了欧洲人的肚子，美元成为世界货币。美国政客试图建立一个美国主导和维护的更可行的资本主义体系。1945年之后，国家间的竞争更多地变成"两个世界"的较量：一个崇尚"自由"和资本主义，一个由苏联主导，信仰社会主义。

为了在这场较量中胜出，资本主义战胜国创造了一个前所未有的体系，这一体系是从新罕布什州布雷顿森林小镇上召开的一系列会议中发展而来的。它的独特性体现在几个方面。第一，它在规模上具有真正的全球性，不是关注一两个经济体本身，而是在乎它们间的相互融合。第二，该体系在反映和维护美国核心地位的同时，并不急于创立另一个重商主义帝国，而是寻求体系中所有成员的共同增长。美国在该体系中的中心位置和优越性毋庸置疑，但它确实为其他经济体和社会的发展提供了上升空间。这主要出于美国对贸易伙伴和牵制社会主义的需要。第三，它设置了前所未有的体制，以此平复全球市场不可避免的动荡。各国国内经济（出于战争和经济不景气的压力）所建立的"组织化资本主义"现在应用到了世界层面上（Frieden，2006:259;Eichengreen，2007）。

布雷顿森林体系的建立旨在充满不确定性的世界里提供保障，防止导致大萧条的不安全因素的再度发生。这一新组建的全球经济中最主要的两个机构是国际货币基金组织（IMF）和国际复兴开发银行（即世界银行）。前者允许其成员在出现贸易逆差时进行借贷，后者为新型贸易所必需的基础设施建设提供贷款。不久之后，美国开始实施马歇尔计划，致力于为欧洲战后重建（在新秩序中追随其后）提供资金。与此同时，关税和贸易总协定（GATT）的成立最大限度地保障了商品的自由流通（Bordo，1993;Helleiner，1994;Ruggie，1982）。

新体系同样催生了福利国家。政府参与经济程度普遍加深，社会支付力度也翻了一番，这些举措保障了富裕国家的许多人群能够并且愿意加入新的资本主义秩序。殖民地自由化使贸易更加自由，也在北欧和北美以外解放出成百上千万的消费者（但一些发展中国家依然实施贸易保护主义）。国内和国际政治都赞许建立一种新型资本主义，它将市场的发展动力与国际国内安全网结合起来，从而保护经济弱势群体。

“二战”后对资本主义经济秩序的“重建”有三点值得学习。首先，整个重建过程伴随着冷战时期的政治斗争。很显然，全球经济市场的根本目的在于获取利益。但是经济繁荣可以用作战略壁垒，对抗意识形态和军事敌人。其次，它基于一系列超政府机制体制之上。整体战略也许听命于一国（美国），但大多全球秩序治理都移交给了半自主组织。最后，为了防止两次战争之间的部分威胁再次来袭，全球资本主义进行了某些转变，设立了国内国际收入支持体系。这不仅有助于鼓励各国广泛参与，还能减少对体系的不满。

重建成果显著，“二战”后的“辉煌的30年代”[①]仿佛又回到了“一战”前的经济大繁荣。从1950年到1973年，世界人均收入每年增长近3%，总体上翻了一番。同一时期，西欧经济

① Les trente glorieuses 是 1944 年巴黎解放到 1973 年石油危机这一时期的法文术语。法国和西欧其他国家的经济社会生活在这一时期进行了转变。

总量激增了两倍，美国也提高了一倍（因未受战争影响，1945年时就遥遥领先于世界其他各国）。日本经济发展速度更为惊人，增长了6倍有余。1964年奥运会在东京举办之时，日本就一洗1945年惨遭战争破坏穷困潦倒的国家形象，更像一个充满活力的全球资本主义秩序的积极参与者。10年之后，日本的综合生活水平便达到了与西欧媲美的程度。

全球经济不仅增速惊人，而且经济增长带来的利益分配也相对平均，这在人类历史上是绝无仅有的。得益于这些变化，千千万万人的日常生活得到了极大改善，他们用上了自来水、电器、生活消费品，享受着基本公共医疗（Hobsbawm，1994;Judt，2005）。经济发达国家的人均寿命延长了10年，在某些欠发达地区甚至延长了20年。

东欧和前苏联的经济总量增加了3倍，与西方国家的发展速度相当。然而社会主义阵营更倾向于采用19世纪的陈旧增长模式，而不是追随战后的发展主流。因此，尽管这些国家的经济总量有所增长，但在生产力方面却逐渐与西方国家拉开了差距。例如，前苏联每小时的劳动生产率虽然增加了1倍，但硬着联邦德国却增长了3倍。[①]与此同时，古巴也大大消耗了前苏联的各种资源。

发展中国家同样经历了战后经济繁荣。除去通货膨胀等因素，拉美经济实际增长了2倍，其中墨西哥和巴西的表现尤为抢眼。非洲国家收入提高了270%（尽管其在全球生产总额

---

① 鉴于社会学数据的“文学”性质，实际差距甚至更大。数据来源：http://www.conference-board.org/economics/database.cfm。

的比例有所下降)。印度经济总量增长了1倍有余,亚洲其他国家(中国和日本除外)甚至提高了3倍。

尽管取得了明显成功,但这种新型混合资本主义体系到底还是太复杂、太耗钱,难以驾驭。由于预算的增加和收支逆差的扩大,美国无力维持美元的全球贸易基础地位。美国政府发行了大量货币,已经超过了其黄金储备的总价值。在其他发达国家,为战后福利社会埋单的后果越来越显著。全球体系的融合成就了不少赢家,但也造就了一些旨在重新平衡经济规模的失败者。站在劳动者的角度,全球资本主义的兴起给资本所有者带去了越来越多的利益。全球一体化和国内受益之间明显的非零和关系也土崩瓦解。20世纪70年代商品价格普遍提高,美元在全球的流通速度越来越快,这些情况要求全球体系加深整合,同时也显现出它的脆弱性。这一点在"滞胀时期"(从70年代早期到80年代早期,经济下滑停滞,并伴随着日益严重的通货膨胀)尤为突出。

经过一些重大政策调整后(将在后续章节讨论),全球资本主义最终走出了通胀困境。然而,随后的政策变化又给部分发达国家和发展中国家带来了一系列危机。为应对危机,社会主义阵营和第三世界国家大肆借贷,但是到80年代末期,这些数额巨大的债务又严重地束缚了新政策的实施。相应的,发达国家也缩减了不少过去30年里设立的福利措施,劳动力的相对地位也有所下降。

到80年代中期,富裕国家的经济得以再次起步,整个80年代的增长速度约为25%。但是,对拉美国家而言,80年代就是名副其实的"失败的10年",经济总量不增反减。在非洲，这些年标志着第一波经济成功的结束和笼罩整个大陆经济下滑的开端。对社会主义阵营，80年代的经济失败太过惨淡，并且一旦失去了政治支持，经济立刻崩溃。但是一些亚洲国家和地区的经历却大不相同：在同一时期里，中国香港经济增长了68%，新加坡57%，中国台湾69%，泰国82%。它们中最耀眼的明星非韩国莫属，其GDP增长了将近1倍。举个例子让大家更直观地认识全球层级顺序的变动。1968年墨西哥举行奥运会时，其人均经济量为韩国的3倍。20年后，经过了进口替代和石油繁荣，墨西哥债台高筑，依赖着出口导向型增长。这时墨西哥的经济总量只剩下奥运会主办地的韩国的一半！

拉美、非洲、社会主义阵营的相对下滑，以及亚洲部分地区的异军突起改变了90年代的世界经济政治秩序。这些变化的原因在过去20年里被反复研究和争论。我们将各种观点大致分为四类。第一类我们称之为文化主义派，他们认为工作热情和创业精神是主要原因。东亚四小龙的“胜利”至少可部分归结为不同的价值观念和取向，例如它们都提倡存款（Harrison and Huntington，2001）。第二类认为贸易政策起了根本作用。不像拉美和非洲的“进口替代”政策，这些亚洲国家遵循了出口导向型发展模式（Haggard，1990）。[①]第三类解释侧重于国家的作用。他们认为这些国家颁布了有效政策，并且实施充分得当（Wade，2003；Evans，1995）。最近，学界提

① 进口替代工业化（ISI）指的是用国内同等技术替代相对昂贵的进口技术的政策。

出了一种更为复杂的综合了上述三种理论的解释(Kohli forthcoming)。东亚的成功首先需要一个有效政府,贸易也必不可少。但是成功的关键在于政府颁布具体政策以支持高附加值的工业(而不是纯粹挖掘或简单加工),这些工业可能发展为新的经济增长点。核心要素就是将经济和市场逻辑(生产有需求的产品)与政治逻辑(为经济发展营造良好的政策环境)结合起来。

这些年的体制调整过程同样伴随着巨大的科技革新,其作用与之在工业革命中同样重要。计算机不仅解决了全球工厂管理的高难度和复杂性,互联网的问世还极大扩展了世界众多人口的消费选择。外部技术因素在最近一次全球资本主义兴起中的作用不容低估。例如,美国的生产力在这一时期几乎提高了1倍。部分原因可归结为政府的亲商反劳工政策,但计算机在经济变革中的作用也毋庸置疑。计算机革命催生了前所未有的全球一体化。

可想而之,资本主义的深度整合也导致了新的复杂性和易损性。早期仅限于单个国家内的危机在这种情形下将迅速扩张到世界其他地区,就像万维网遭受病毒袭击一样。1994年墨西哥金融危机、1997年亚洲金融风暴、1998年俄罗斯金融危机、千禧危机、互联网泡沫、美国次贷危机等,都对全球经济体系构成威胁,引发对危机的反复分析研究。1929年的梦魇也一次次考验着全球经济的神经。2007—2008年间的这场“教科书般的风暴”(商品价格波动,信用市场不断恶化,不确定因素普遍存在)甚至引发了对全球自由秩序即将瓦解的担忧。

## –资本主义与全球化–

这些困境的根本原因是整个世界依然在适应资本主义。反过来，资本主义也在不断地调整其全球现象的角色。虽然资本主义的根源能追溯到16、17世纪西北欧的扩张，但真正的全球资本主义秩序在几十年前才建立起来。19世纪的全球商品和消费品体系只是具有某些资本主义属性，主要还是依靠帝国主义霸权强加实施。除此之外，世界上大部分人口也不像如今这样与资本主义经济紧密联系在一起。甚至在战后经济增长期，世界很多国家和地区，由于贫困或意识形态等原因，仍然游走在资本主义轨道之外。今天，越来越多的社会通过市场直接与世界体系相互作用，不再依靠帝国主义媒介。不论出于何种意图和目的，我们都身处同一个市场，同一个未知领域。

相比资本主义在全球的扩张，全球化是个更为复杂的过程，因为它还涉及文化交流和人口流动（以及越来越明显的气候依存）。有关当今资本主义的任何谈论都涉及一个关键问题，那就是它与全球一体化加深之间的关系。这两者能否彼此独立？哪个是起因？不同体制的资本主义与全球一体化关系如何？

全球化不是什么新概念，早在10万年前，人类开始走出非洲就是全球化的最初形式。跨地区甚至南北半球间的贸易往来已有很（相当）长的历史，人类大规模的迁移同样如此，即使是美国大众媒体的文化帝国主义（全球化的另一最大反角），在之前大规模的宗教征服、皈依和语言侵略面前，也是小巫见大巫了。全球资本主义富有新意的原因在于各经济体一体化的程度,以及先前孤立事件在全球的传播速度和影响力。薄弱环节将给资本主义全球化的构成带来越来越大的威胁。

社会生活中市场逻辑的兴起和稳固创造了无法想象的财富,但是资本主义对物质财富的一味追求引起了一系列的社会和环境问题——托马斯·马尔萨斯(1986[1798]),对几何级数式的增长不会长久的断言也许最终是正确的。媒体的问世很大程度上是为了扩大资本主义赖以生存的消费,但它也让底层人民意识到有钱人的生活,因此会引发对体系的不满和公然反抗。资本主义体系发展迅速,它的规模巨大,错综复杂,以至于越来越难以控制,变得更加反复无常,不受监管。

从这个方面看,前言中提到的复杂性的概念变得最为贴切。自19世纪,大约1945年起,全球资本主义在国家的监管和支持下保持着良好的运转,不管是英国还是后来的美国都是如此。但1990年之后,世界资本主义"警察"的角色变得越发少见。起初,正如其在1994—1995年墨西哥金融危机中的表现一样,美国似乎仍愿意并且有能力担当这一角色。然而,全球结构的控制和协调能力不断削弱。更为重要的是,科技革命和接下来的全球一体化改变了资本主义体系的本质。复杂性还来自体系成员的增多。但也正是由于交互作用的叠加和相互依存的增多才使财产"骤增"成为可能,并且没人能预测或避免可能产生的后果。2008年金融危机的"多米诺骨牌效应"就清楚地体现了这一点,一个国家的某个产业出现问题,会给千里之外的他国产业带来灾难性影响。

### -全球资本主义的终结-

本书写于2009年，你们也许会想，2010年之后会是什么样？资本主义将会终结吗？全球经济是否崩盘？过去一年都是坏消息。毫无疑问，这是自20世纪30年代大萧条以来最严重的一次经济危机。要不是各国政府出巨资救市，金融业必将彻底崩溃。尽管如此，国际货币基金组织预测仅是勾销美国的原发性资产，全球金融机构就付出了2.7万亿美元。加上一些程度较轻的危机，例如冰岛金融危机和世界范围内房地产市场的崩盘，这一数字更加惊人。这些损失也引发了信用危机，从而挤压了其他产业的发展空间。全球工业产值下降10%，销量和总体消费者信心集体跳水。这是战后第一次股市损失（某些股市市值甚至缩水50%）伴随着消费总量的大幅下降。汽车业（仍然是全球经济的主要制造业发动机）受损严重：2008年和2009年，全球销量分别下降9%和13%，其中美国销量的降幅分别为18%和24%。在2008年末和2009年第一季度，全球GDP分别下滑6%左右。①

这些数据让人很难理解究竟发生了什么，后果又将如何。一方面，哪儿还有钱剩余？哪种经济体系能承受如此损失还屹立不倒？另一方面，这恰恰证明了资本主义的惊人生产能力和恢复力。值得注意的是，比现在简单许多的资本主义

① 国际货币基金组织，《世界经济展望》“危机与复苏”，2009 年 4 月。网址：http://www.imf.org/external/pubs/ft/weo/2009/01/index.htm。

不仅熬过了长达75年的意识形态斗争，还从史上最严重的经济衰退中恢复了过来。

虽然资本主义处于危机之中，但也没有其他体系可以取而代之，除非重回专制社会。今后的一些著作也许会将过去的20年称为艰难重组前的“光辉二十载”，但这并不意味着整个结构都将改变。显而易见，大规模深层次调整势在必行，增长曲线也会有所变化，但我们不会通过什么“伟大变革”回到200年之前。全球资本主义依然是我们认识世界的钥匙。

# 第二章
## 贸 易

生产和消费的全球化已极大改善了世界范围内的物质生活水平。目前,设计、生产、销售以及处理商品和服务都在全球进行。这些变化在全球的富国和穷国(包括富国的穷人和穷国的富人)都极其明显,全球化的效应在这些国家处处可见,从商店到家庭,不一而足。全球化不仅使远程购买、使用产品成为可能,同时也给就业和商业活动带来了新的压力,需要在全球范围内展开竞争。这已经意味着在某些地方制造业就业机会的丧失,其他地方新的工厂拔地而起,也会开启新的经济生活方式。尽管全球化的触角在不断延伸,穷国的穷人们却在极其遥远的地方见证着这种转型,通过媒体的描述、亲戚的远程汇款或在全球循环链底层的废弃商品中一窥全球化的端倪。

在消费领域,地理位置已不再那么重要。事实上,随着多国开始共同主导零售生产市场,并试图获取全球规模经济和品牌管理的利益,购物在国际上已经越来越趋同化。可以肯定的是,任何阅读此书的人每天都会消费、使用至少来自十几个国家的产品。即使消费者意在推行强硬外交,拒绝他国产品,但如今全球的流水线如此复杂,“国内”的产品可能都已成明日黄花。同样的，由于生产的全球化，贫国的工人和富国的工人也结成了某种联系。

当代全球经济起飞最近的一次始于20世纪60年代，但是直到90年代经济才真正加速发展。从图2.1中可知，贸易额自1950年起持续上升，但到90年代增长速度才大幅提升。当时世界面临一个重要的分水岭：各国开始互相之间销售商品（从加粗黑线和虚线可以折射出来），速度比过去（黑线）快得多。

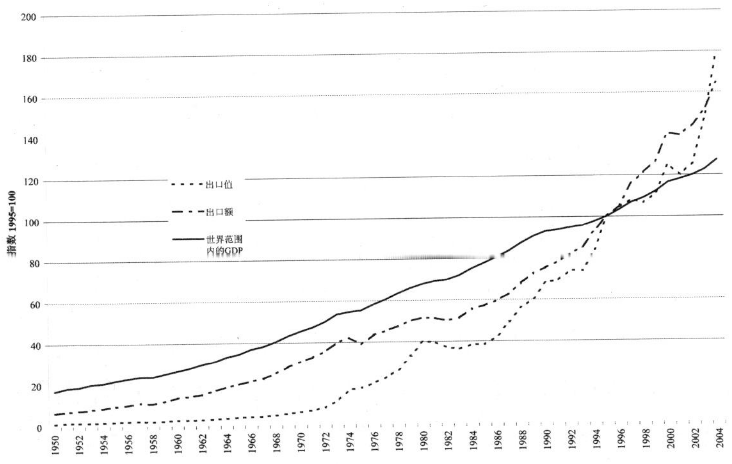


来源：世贸组织

注意：在估算全球商品出口、生产以及GDP总值时需参考技术参数。

**图2.1 世界贸易**

这种贸易额的爆炸性增长势头如此迅猛，人们很容易认为贸易全球化是在世界各地均衡加速发展的。从世界贸易量的直线变化特征来看，全球化同样激进的进程从19世纪开始一直持续到20世纪20年代，然后全线崩溃。谈到这一现象的普遍性，我们需要认识到，世界贸易并不是平的，在全球化整合的过程中高峰低谷交错出现。为了理解贸易发展的轨迹和在世界范围内的分配，我们首先回顾一下历史上贸易的形成史——全球资本主义体系特有的一个组成部分。

## –历史上的贸易–

贸易并非新鲜事物，贸易早已存在的迹象数不胜数，比如琥珀、熏香、黑曜石、天青石等几千年前就已在中东地区存在。两千多年前，贸易已经沿地中海、亚太平洋海岸，以及在这两个地区中间经丝绸之路和印度洋展开。美国尽管实行孤立主义，但是在新开拓的北美半球、美索不达米亚平原内部以及后来形成的印加帝国之路也开始了贸易活动。

欧洲帝国版图的扩充将这些相对孤立的线路整合为一个全球系统（Maddison，2007;Findlay and O'Rourke，2007）。这一时期有两个特征值得一提。首先，帝国主义国家手握权力，试图垄断贸易活动，这在很大程度上给全球贸易定下了基调。尽管私有企业的重要性不断加大，贸易却只是地缘政治目标的一个延伸。其次，商业仍主要由高价值的商品交换主导，几乎没有生产附加值。主要的商品流动包括从东亚到地中海的香料，跨大西洋的奴隶交易，从美国到西伯利亚、再到西北欧、最后又返回亚洲的银器。

早期的贸易增长极为缓慢，市场也相对封闭，直到19世纪初期这一现状才有所改观，这一转变也是诸多事件共同作用的结果。首先，西欧的工业革命，生产开始大爆炸，商品交换从最初的几种商品急剧扩张，生产和商品交换占据主导地位(Hirst and Thompson,1996)。其次,个体越来越依赖于日益复杂的社会网络体系(从国内到国际)以满足他们的需求。最后,国家的实力增强,通过建设运输和交流必备的基础设施等手段,支持更大范围的供求交易。这种扩张在全球范围内展开,而毫无疑问,全球的统治地位仍由欧洲人和其后代所掌控。全球贸易网起初发展的模型可从帝国主义发展的轮廓中找到蛛丝马迹。

全球经济转型,发展繁荣,无可非议,但是关于贸易在其中扮演的角色,却争论颇多。生产增长是全球贸易发展所推动,抑或仅仅是工业革命的成果?虽然贸易在经济繁荣中相对的作用仍有争议,但是对于贸易带来的专业化,人们却普遍认同,专业化是亚当·斯密分析资本主义时的核心概念。而关于贸易在改变全球经济结构上所发挥的作用争议更多。

大卫·李嘉图比较优势理论的追随者认为,虽然欧洲获益,但是贸易本身并没有导致其他地区的没落。贸易增长有部分原因是生产能力的大幅提升,以及运输价格的下滑,而这两者都是近年技术革新的结果。而其他人如安德烈·冈德·弗兰克(1996)则认为,一个地区的繁荣必然导致另一个地区的落后,这是由发展的内在特质决定的。若非是这种论调类似于时下一些关于政策的讨论,这种争论在历史上其实无关痛痒。虽然"中心地带"的发达必然带来"边缘化"的不发达这一说法已基本被摒弃,但历史清楚地表明,西欧和其成员国的经济增长却实实在在地损害了他方利益。西欧和北美具备相对优势,其他地方的生产商因此遭受创伤;帝国主义暴力统治,实行种族屠杀(美国、非洲部分地区由于奴隶贸易也未能幸免)，并将西方的霸权强加于世界其他地方。

关于贸易的角色，多数争论可以归结为以下两方面的意见。一方是强调单个国家的贡献(从自然资源到政府政策)，另一方则强调全球体系的系统属性(Schwartz，2007)；一方认为经济元素为数众多，而另一方则认为经济博弈都为历史遗留传统所禁锢。全球资本主义的历史和当代的结构对两种说法各提供了佐证。对于贸易这种复杂事物的发展，我们不做出是非黑白的选择。技术是否重要？发展的动因是否关键？答案很明显是肯定的。在这些发展背后，是否是少数集权者控制全球资源，欧洲后人仍具有至高无上的特权？答案显然还是肯定的。我们需要理解这些单个的国家是如何繁荣起来的，但同时也需关注由于地缘因素引起的不平等是如何持续存在的。

在此背景下，关于“自由贸易”的价值及其到底在何种程度上控制了全球贸易，或者应该在何种程度上这样做，一直争论不休。20世纪后半期的富国逼迫穷国开放其经济，以使全球经济更加自由化。但是所有的发达国家在它们的工业发展初期都实行保护主义策略(Chang，2002)。19世纪的美国曾试图限制自由放任的经济政策，对此做法他们可能引以为豪。在世界大战后的一段时期内，类似的障碍持续保护在政治上敏感的行业，全球富人游说一些国家，迫使其开放本国经济，但对于这些国家的竞争者，他们却极力排斥。说到自由贸易，人们更多的是想到一系列灰色的光谱而非黑白。19世纪整体上比20世纪上半期自由程度高，但20世纪上半期之后又回归到自由交换，不过仍然受限。20世纪90年代全球贸易膨胀,关税障碍普遍减少,但即便是这样,仍需记住贸易的自由常是有选择性的自由。

关于贸易自由和参与全球经济的争论,在"30年战争"(1914—1945)导致的经济崩溃期间,实际上已经被提出来讨论了,在这30年间,全球贸易额和贸易价值下降了一半。各个国家效仿1800年前的重商主义政策,开始为其国内生产划分优惠区。事实上,在第二次世界大战期间,亚洲、西欧和美国之间自16世纪建立起来的关系,除了军事人员之间的流动,已经名存实亡。

全球贸易的当前时代始于1945年。之后的10年大西洋两岸都是商业迅速发展的时代,无论怎么夸大都不为过。出口增速比基础经济发展快得多:美国是3倍,西欧是5倍多。在这些国家中,大多数的出口份额占国内生产总值的比重都翻了一番甚至两番。这一现象的部分原因是战争刚结束时美国提供了经济援助,但更重要的原因是国际贸易治理方式发生了结构性的变化。

1947年签订的关税与贸易总协定试图消弭战争休战期间体制和心理上的一些遗留传统。在接下来的20年间,一系列谈判的举行可能有助于降低关税,这些关税的存在阻碍了签约国家之间的商品流动(但是与1914年前的世界不同,资金和劳动力的流动仍然受到限制)。直到20世纪70年代,大西洋地区的多数国家已将其关税降低至少一半,有的国家甚至更多。而对于大西洋地区经济繁荣发展更为关键的是欧洲共同市场的建立(Eichengreen,2007)。共同市场建立之初是为了协调煤和钢的生产(支持法德新联盟的一种手段),后来逐渐发展为洲际海关联盟，到20世纪70年代吸纳了西欧所有主要国家，其市场总额甚至高于美国。为了理解这些年间的经济发展规模，可参考德国与欧洲其他国家之间的贸易额，每年增长18%，或者说是15倍；而法国，这一数字是15%和28倍；意大利则分别是15.9%和35倍（Eichengreen，2007:25）。

但是战后经济的重建不仅表现为扩充阵营，同时也包括驱逐对手。为了使贸易公开化与公民对社会福利的期待之间保持平衡，欧洲的边界是部分对竞争者封锁的。包括停止从其他发达国家进口制造类产品，取消对旧殖民地的特殊照顾，亦不再保护农业市场。这种类似贾纳斯的开关贸易之门的行为是下一个阶段全球化的特点，也将会继续成为21世纪全球资本体系的一个挑战。

这一时期日本的贸易发展也不能忽视。这个岛国不能期望建立一个类似欧洲的消费者联盟，但是却通过接受直接的援助和美国在亚洲日益扩大的军事影响力，依靠美国给予的强力支持。日本政府在支持出口增长方面尤为积极，不仅在重点行业予以投资方面的资助，同时保持日元贬值，从而利于诸如索尼和本田这样的公司在海外市场获得巨大的市场份额。这些政策的效果非比寻常。日本比大西洋国家更甚，其经济增长是由贸易牵头的，出口在经济活动中的贡献率增长了两倍。1973年，日本输往世界各地的产品额约是1950年的25倍。

这一时期世界其他两个地方也经历了此种巨变，分别是所谓的“第二世界”，主要是社会主义国家以及“第三世界”，多是前欧洲殖民地。实际上，苏联根据军事联盟建立了一个与之相连的经济阵营,代替西方国家。各国之间亦有联系(但程度弱),虽然在苏联阵营贸易额几乎增长了10倍,但是大部分只是全球专业化的表现,而专业化是由中央集中规划的,政治和战略上的考虑高于经济利益。例如,苏联从古巴极频繁地购进食糖,而打折售卖石油,以保证其盟国与美国海岸保持紧密联系。

第三世界拉美、非洲和亚洲的情况却又不同,这一地区的增长并非是由贸易带动的,而韩国和中国台湾这两个地方的特征尤为突出。在拉美的领导下,几乎所有的第三世界国家都努力尝试进口替代型发展模式。关于这些政策的争论并非不切实际:考虑到发达国家在制造产品上的优势,以及它们导致全球市场的主要产品价格一路下滑,因此新发展的国家有必要开创它们自己的生产基地,以满足国内需求。从最基本的消费品开始,到资金产品,比如钢铁,很多国家努力在其国家内部再创西欧经济模式,而拉美和非洲国家之间的贸易共享则开始减缩,有时甚至是原来的一半。在东亚,未来贸易发展方向的体制基础已确定,但这些国家的经济实力却相对较弱。

## –全球化的胜利–

全球经济到20世纪60年代晚期已经面临了诸多挑战,而始于1973年的全球日用品短缺也开始呈螺旋状下降趋势(Radetzki,2006)。当然,最知名的莫过于石油了,价格涨了3倍,但是由于这种价格的跳跃以及其他内在的因素,其余产品比如食物及关键的战略金属价格都翻了一番。对于一些专权国家来说，商品的繁荣给国家带来了巨额财富，促进了经济发展和消费增长，但是对于大多数国家，这只是意味着它们在全球市场购买产品的账单越来越多。这些危机以及紧随其后的危机处理政策为下一个贸易时代奠定了体制性的基础。

如果19世纪是真正的贸易全球化的第一个阶段，“繁荣的30年”是第二个阶段，那么1990年之后的时期便是第三个阶段，也是评论认为最成功的阶段。20世纪70年代多谈论“资本主义的危机”，到90年代初期，又有人谈论“新的世界秩序”，市场占主导地位（Simmonsetal，2007）。有趣的是，在经历商品价格的起与落之后，自然资源最少的地区其经济势头却最好。20世纪80年代社会主义阵营和大多数“第三世界”国家经济开始衰退之际，东亚国家却开始繁荣起来。

这一时期有两个明显特征。首先，与之前的时期都不同，这一时期追求的是整个世界的一体化。虽然很多国家参与全球经济至多也只是边边角角，但没有任何一个国家将自身排斥在外。即使是那些抵制资本主义的国家也参与其中的贸易活动（例如朝鲜和古巴）；即使宣称独裁的国家实际上也从市场上的隐形销售中获利。其次，技术革新涉及的不仅仅是互联网，同时也涵盖快得多的航空运输和地面运输，这使得国家之间的联系更为紧密，资本主义制度也进一步脱离任何单一政权的掌控，创造自己的内部激励体系。

在所有这些全球变化中，我们需要重点关注两个方面：贸易的组成及其地理上的分布。从图2.2中可以看出，或许过去20年中全球贸易最突出的特征之一便是全球贸易不仅比基础经济增长速度快得多，而且在很大程度上是由制造业引

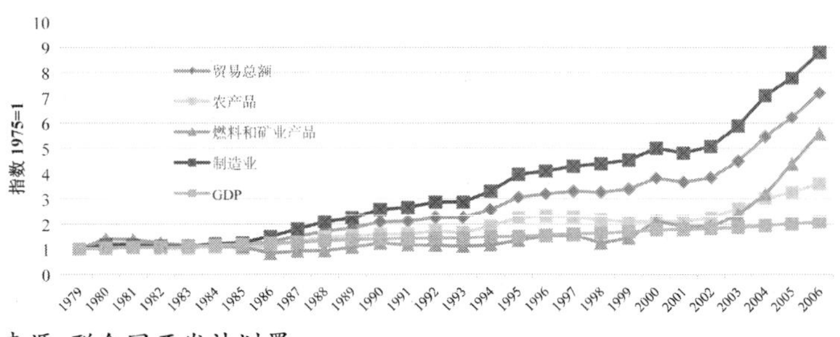


来源：联合国开发计划署。

**图2.2 世界贸易的组成**

领的。制造业在全球贸易中的份额稳步提升，已经占到世界出口额的70%。[①]因此，贸易不仅增长，同时也改变了全球生产的结构——不仅包括全球售卖商品，也包括全球制造。

自19世纪以来，全球贸易的主要组成部分便是制造商和商品的双向流动，而过去30年里更为复杂的“新的国际劳动分工”出现了。在新的分工体制下，全球的生产流水线形成，多数制造业已经搬离发达国家。最初这是由于发展中国家制造成本低（因其工资水平低，市场监管松散），以及运输成本的同步下降造成的。贸易额的增长同时要求基础设施大规模发展，以应对物流的需求。因此集装箱运货应运而生，码头设施以及航空运输也相应增大规模。

在这一过程中的关键参与者是跨国公司，跨国公司越来越没有一国根据地，而是在全球范围内运行（Dicken，2003）。

---

① 其中主要的行业是办公室和电信设备，自 1980 年以来增长了 20 倍，目前占到商品贸易的 12.3%。另外一个行业是服装，增长了 8 倍，在全部贸易数额的分量是 2.6%。其余主要的制造行业（及在世界贸易中的比重）分别是化学制品（10.6%）和汽车业（8.6%）。

尽管有这些新的市场活动参与者崛起，并且在国际关系中，个体国家的特色受到越来越多的挑战，我们依然继续关注着它们的地理特征，以记录最大的发展态势。

随着传统的强国，如美国、德国和日本的市场份额开始减少，中国的市场份额却翻了两番，全球制造业的地理分布也发生了改变。或许这一变化最明显的标志是钢铁和汽车行业的行情。中国在2007年生产的钢铁数量几乎是美国的5倍，达到了全球生产量的1/5。比全球排序变化更为重要的是汽车行业的重新配置。①这体现在两个宏观的层面。首先是主要制造商组成跨国联盟，精密合作，从产权所有制到合资企业，形式不一。其次是行业重组不再囿于地区集中的限制(例如，集中在密歇根和俄亥俄州)。因此，一辆汽车的零部件可能来自十几个国家，汽车生产也会在十几个国家完成。

其他的产业也经历了一番改造。自1990年起，电子设备产业的重要组件已经转移到东南亚(Suzuki，2004)。劳动密集型的产业，如服装、鞋袜制造业以及家具生产等，其生产的变化趋势更为明显(Scott，2006)。从1970年开始，这些产业的低端技术生产部分大规模地转移到发展中国家，这些国家的劳动力价格降低了70%—90%(而劳动力通常是主要的成本要素)。被转移的国家本来几乎无任何鞋袜或家具出口，如今却

---

① 在汽车行业，1961年美国的轿车产量占整个世界的48%。到1971年，这一数据为32%，1981年为23%，1991年为15%，到2006年降为9%。日本和德国无疑是主要原因，因日、德两国的汽车产量占世界总产量的比重从1961年的18%(主要是德国的贡献)增加到2006年的33%(日本的产量约是德国的两倍)。新的竞争势力包括巴西、韩国、西班牙以及自21世纪开始的中国，中国的轿车制造目前在世界的比重超过8%(源自美国运输统计局)。

分别掌控全球30%和15%的出口份额。这种转变的另一面是，有些产业部门本来作为当地的经济支柱（比如美国山麓地带的纺织业），现在实际上已经消失了。

这一时期生产商和零售商之间的关系也产生了极大的变化（Appelbaum and Lichtenstein，2006）。此前，制造商一直是主导型的市场参与者，然而从20世纪80年代开始，零售商开始成为主要的决策制定者，并在90年代势头越发强劲。随之而起的是全球供应链的产生，工厂通过向大客户提供专门的产品而彼此相连。在诸多方面，全球经济是围绕着大零售商如沃尔玛、特斯科和家乐福的需求和方向而动。购买力的整合趋势、决策的制定由最低的成本决定，经济活动开始整合到相对少数的联盟体系中去，所有这些都是21世纪全球资本主义的特征。

尽管发生了这一系列变化，贸易的整体地理分布并没有被改变，当然亚洲例外。即使北大西洋国家的市场份额在过去20年略有降低，但是经济总量仍然占到全球出口的将近2/3。亚洲国家的出口份额自20世纪70年代已经翻了一番，其中在过去10年，中国经济的表现最为强劲。[①]亚洲之外的国家和地区相对处于边缘化，主要出口初级产品。

将世界贸易理解为一个网络体系大有裨益，在这个体系内部一系列资金、商品等的流动所处的位置以及其流动的方向至关重要。地处有利位置（如荷兰处于莱茵河谷的入口处，

① 由于所处地理位置不同，论及发展中国家与全球市场之间关系的总体转型相关数据时，需谨慎处理。关键在于中国是否被纳入分类范畴。

新加坡临近海峡)可获得丰厚的经济收益,但是被排挤出全球贸易网,则难以吸收投资发展全球买卖所需要的物流设施(例如,地处内陆是一个极大的惩罚,如果国家本已贫困,而又地处内陆,则更是雪上加霜)。正如一个餐馆,档次再高,但是所处地段不利,也同样会歇业。因此,如果一个国家没有纳入全球经济高速公路的轨道,即使其生产力最强,也无法真正融入全球市场。

在过去20年,一些学者尝试着从网络理论的视角和方法论来更好地理解全球贸易流动(Gereffi and Korzeniewicz,1994;Kick and Davis,2001;Kim and Shin,2002;Mahutga,2006;Piana,2006)。虽然有些人认为,全球贸易网络已经变得越来越平,而且更加分散,但多数事实仍彰显出其发展的不平衡,如19世纪首次体现出来的一致。20世纪70年代的贸易发展使得一些国家的经济实现了大跃进,但是除此之外,70年代的贸易结构和60年代极为相似,虽然各国的贸易内容和内部贸易格局情况复杂得多。全球化最新发展阶段开始时,发展最快的那些国家便参与了制造业赢利最盛的阶段,而在发展底层的国家做的实际上都是相对较脏、报酬也少得多的工作。另外,处于全球贸易网顶端位置的国家,就其产品和合作伙伴来说,贸易组合也更加多样化,因此它们可以更好地应对当前的变动。[①]

从全球贸易体系的角度来看,整个世界可以分成三个主

---

① 更多关于贸易网络发展现状的信息可参见:http://qed.princeton.edu/main/MG/Data_and_Analysis。

要的发展集团或派别:北美、欧洲和亚太经济圈。这些集团的每个成员主要都是在集团内部与其他成员之间进行贸易往来(分别占到全球贸易的8%、32%和14%),但是这三个集团之间联系亦相当紧密(24%)。而中美之间的关系尤为重要,不仅是因为这些贸易流动本身的意义,而且美国的贸易逆差与中国对美国的巨额借款基本持平。(见图2.3)每个集团都有一组卫星群体,给它们提供自然资源(如美国的资源主要是来自西半球和西非),或专权市场(如非洲对西欧)。除了这个相对小的集团圈和其追随者,多数其他国家在全球都是被孤立的,比如非洲国家之间的贸易很少有统计数据。

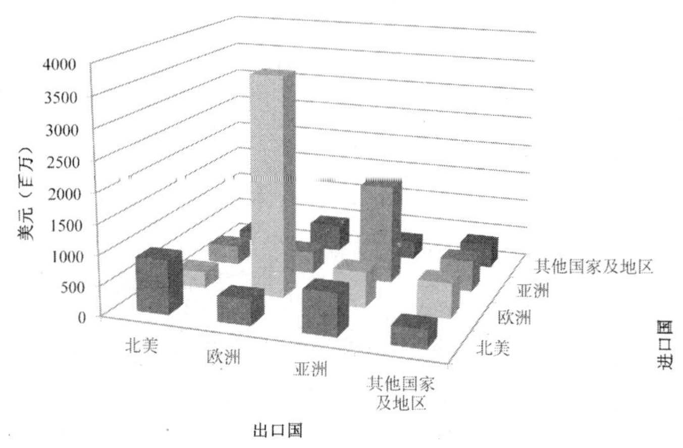


来源:联合国贸易商品统计数据库。

**图2.3 贸易的地理分配**

如果我们将各个国家孤立起来看,世界贸易的集中化趋势就更为明显。前5个国家(美国、中国、日本、德国和加拿大)的贸易量实际上占到全球贸易的一半,前10位国家占到

66%,前20位占到83%,而前30位占到90%。最后一个数据几乎都是由西欧、北美和亚太地区的国家和少数石油输出国组成，就是这些石油输出国使得这一地理分布呈现些许多样性。甚至是那些以贸易为主的最不发达国家其贸易量也极少。技术含量低的一个新的生产中心,如孟加拉国,每年的出口量很少能达到120亿美元,只有新西兰的一半,赞比亚的出口量只有朝鲜的1%。

如果将贸易分成若干个部门,那么全球体系的分歧点将会更加突出。制造商的出口比仅仅出口商品的长远收益要大得多,这已是广泛的共识;国家以制造业而不是以矿井为基础发展,其前景会更好。北美、欧洲和亚洲的出口商品至少有3/4是制造类产品,而拉美、非洲和中东地区的比重也分别达到31%、19.6%和21.4%。这些地区(包括苏联的成员国)参与全球市场的方式有些落伍,它们仍然采用19世纪相对简单的殖民贸易模式,售卖初级农产品,购买制造类产品。

有与无之间的分界在服务业(如法律、广告、会计、旅游等)仍是一般走向。在一小部分的富裕国家中,服务共享的趋势比商品服务的趋势更为明显:前5个国家美国、英国、法国、德国和日本的服务业出口比率超过全球正式记载的一半以上。世界贸易领域的服务业改革(如爱尔兰和印度),比互联网行业的改革有过之而无不及,而且其领导地位也一直保持恒定。

有两个相似的贸易网络体系,贫穷国家在其中处于更中心的地位。第一个是“黑色体系”,涉及毒品、人种和军火交易,以及违禁品如濒危物种和“血钻”等。这些体系的框架相对简单，因为物品通常都是从原属国直接运输到物流中心，在那儿商品被“清洗”，并“再次分配”。交易的数额甚至可达万亿，但是这些国家从非法贸易中所获得的报酬却远非它们期望的那样高。合法的服务可予以监管并征收赋税，劳动者和消费者可获得某种保障，但是非法活动却只能使社会上层的少数群体受益，并且非法活动的不稳定性使其更接近于袭夺行为而非资本主义行为。

另有一个更明晰的社会网络体系，在这一体系中，穷国可明确提供给富国一件商品——劳动力。估计全球有两亿移民远离其本国生活，他们绝大多数是出于经济原因移民，而且基本都是从穷国流动到富国。美国接收的移民数量最多，几乎达到4000万（其中主要是来自拉美），但是欧洲和加拿大的移民人数也是数以百万计（取决于国家，移民主要来自拉美、中东和非洲）。还有一个特殊的小分支，从东亚和南亚流动到中东稍富的国家，因为这些国家的原住民很少加入劳动力大军。发展中国家内部的人员流动也蔚为壮观，来自底层的穷人移民到相对富裕的地区（例如，从非洲南部的一些国家转移到南非）。这些劳动者在富国的经济发展中发挥了重要作用，甚至在一些服务部门占据主导地位。而在国内，这些劳动者的汇款则成为一国最重要的外汇来源，占国内总GDP的比重也达到了两位数（2008年全球GDP总值超过了3000亿美元）。通过这种劳动力的进出口流动，富国和穷国实际上形成了互相依赖的关系：一方利用廉价劳动力，而另一方从国外劳动中获取报酬。

从很大程度上来说，这些趋势反映了政策的选择和资源

"诅咒"[1]。但这是由于主要经济集团内部设立隔离墙,阻碍了最底层150个国家的进口。欧洲和北美在2006年从最不发达的国家进口的农产品总额不到50亿美元,制造品约180亿美元(但几乎全部是低技术含量),占其进口总量的百分点还不到0.5。这些隔离墙即是一系列障碍,包括关税、产品内容监管以及国内补贴。最主要的障碍是限制劳动力在全球范围合法流动,填堵了一种资源从发展中获取报酬的渠道,而在这方面发展中国家有明确的相对优势。正如最不发达国家在一轮轮的谈判中所指出的,富国支持自由贸易,前提是其国内各机构无须承担自由贸易的后果。同样的,富国并未守其承诺开放市场,而是不遗余力地在全球贸易圈内对穷国实行区别对待政策。

因此,全球贸易并非是平等主体之间简单的相对优势交换,相反的,全球体系内部等级重重,而这些反过来也体现了历史遗产和政治现实。贸易模式仍然体现一个世纪之前建立起来的关系,商品的流动也必是部分地由关税及类似问题上的政治选择所决定的。全球贸易便是在全球历史和地缘政治的大背景下生存。

## –互相依存和互相作用–

生产和消费实现全球化的一个重要表征是,经济独裁已不可能实现。若一国经济参与到全球市场中,那么从一定意义上讲,此国经济便依附于全球市场。这便是此前讨论的贸

① 也被称为"充足悖论",拥有宝贵的自然资源(石油、钻石等),但同时国家实行独裁体制,发展缓慢。

易复杂性的最佳说明：一个社会的经济发展可能受到决策的影响，受到政治事件或现实事件的影响，而这些事件无人可以预测，更遑论控制。

对于这种依附性的概念，定义颇多。最乐观的解读是，通过分析康德和平的理论回顾资本主义发展的初始阶段，并希望全球化将会使我们“过于繁忙而无暇愤恨”(Friedman, 2005)。另有一种不甚乐观的视角对此一体化进程也进行了诠释，我们称之为现实主义视角(Keohane, 1984)。此种观点认为，国家利益应居于中心地位，并质疑国家之间的互相依赖和融合终究会损害还是强化国家利益。第三种视角的做法有些类似，但是从发展中国家的具体视角展开的。“依赖理论”认为，全球经济之间的互动将会不可避免地使富国受益，并扭曲穷国的经济(Cardoso and Faletto, 1979)。最后，“世界体系”理论将我们回归到全球层面(Arrighi, 1994)。持此观点的一些人认为，整个体系的建立是为了服务全球新的“资本主义阶层”及其代表机构。

在这种错综复杂的全球资本主义系统内部，可以看到有国家的力量、体制的力量，有成功者，也有失败者。问题并不在于如何定义一个确定性的模型，而是如何欣赏这些不同的力量和参与者是如何参与市场并展开互动的。为了展现这些过程，接下来我们将会在全球贸易框架下分析三种个案。

### –俄罗斯能源–

或许商品的流动能够最好地说明贸易互动利于推动国家之间的依赖程度。这通常都需要进出口国家大量投资以推进基础设施建设。因为这些长期投资，相应的国家之间也需要不断进行沟通探索，必会在战略上产生各种各样的影响。而最为重要的是，进口国可能会依靠持续的商品进口以维持本国经济的运转，出口国则轻巧致富，因此乐此不疲。在这一方面最好的说明便是连接欧盟和俄罗斯的能源纽带。

欧盟正越来越依赖于能源的进口。欧盟每天消费1500万桶石油，是仅次于美国的第二大重要的石油市场。在过去几十年，由于英国和挪威在北海的生产，欧洲已经可以依靠欧洲内部的一些石油来源。但是，这些石油储备已经越来越枯竭，石油进口需求预计将会从2000年的60%增长到2020年的90%（BP Statistical Review）。天然气的情势同样严峻。欧洲的能源消费预计会在未来20多年翻一番，进口量将会从目前不到40%增长到2030年的逾70%（国际能源机构，2008）。对能源进口的依赖将会以各种形式不断加强，包括煤等，使得欧洲到2030年对非欧洲国家的能源依赖度接近70%（国际能源机构）。

这些能源有一部分来自于非洲，尤其是阿尔及利亚和利比亚（西班牙和意大利的重要来源国），有一部分来自于波斯湾。但是欧洲唯一一个最大的石油提供商是俄罗斯。俄罗斯的原油生产是天然气的一个极其重要的因素，俄罗斯目前提供全球40%的天然气进口量。对于欧盟东部的国家来说，这一比率甚至可达100%。在未来的20年内，这一依赖将会持续增强。

当然，对进口的这种依赖有利有弊。欧盟比俄罗斯富裕得多，俄罗斯的人均GDP几乎是所有西欧国家的1/3。除了莫斯科和圣彼得堡，俄罗斯与其西方邻国之间的发展差距更大。另外,因为欧盟是俄罗斯最主要的贸易伙伴,占据俄罗斯贸易量的一半以上,俄罗斯却排在欧洲贸易结构图的第三位,只占到欧盟贸易量的8%多一点。虽然欧盟可售卖到俄罗斯的产品种类极其繁盛,但俄罗斯却只依靠几种产品。过去几个月,石油价格滑落,仅依赖单一的资源证实其可将经济的美好幻想变成噩梦。但是俄罗斯能源出口减少的这种即时影响可能对欧洲的效应更明显,而不是相反。最近俄罗斯切断了向乌克兰和白俄罗斯供应的天然气(后来也使得对欧洲的出口减少),这一举动表明欧盟依靠俄罗斯维持其经济生活的正常运行。

而石油和天然气需要复杂的设备以利于其传输,从而将这一关系变得更为复杂,也会涉及更多的国家数不胜数的投入。即使欧洲将从多个渠道进口天然气,但目前的管道结构主要从俄罗斯内部穿过,而其国内的主要生产商(被俄罗斯天然气垄断)已经和其他天然气来源方(如来自土库曼斯坦的天然气公司)签署协议对天然气进行售卖并运输。在安纳托利亚,因为土耳其加入欧盟的谈判仍悬而未决,建设另外一条输油管道的工程阻碍重重。而增加从非洲运输的液化天然气同时也需要在地中海岸扩建设施,价格不菲。

这一案例意在说明,我们不能将全球贸易理解为一套简单的个体之间的关系,被重复数10亿次,彼此之间毫无瓜葛。全球贸易的结构与过去的承诺和战略考虑紧密相关。例如,在欧洲和美国,很多人都担忧俄罗斯会对欧盟实施能源垄断,而不顾其经济原理为哪般(Garibaldi,2008)。备选方案的制订也暗含了政治选择的成分,不管是将欧洲市场进一步向土耳其开放，还是增加对北非资源的依赖，都是政治选择。石油管道穿越一系列国家这一事实说明了，政府部门之间的价格论证可能会破坏整个体系。俄罗斯相对的强势反映出将商品售往一个更为发达的国家并非意味着权力的丧失。将俄罗斯未来的经济前途与石油和天然气联结起来，表明了这种策略可能扭曲其国内的机构和发展的动力。综上所述，欧盟能源困境解释了为什么全球资本主义虽然不断发展，但结构却如此脆弱。

## –北美自由贸易协定的前景和中国的挑战–

中国和墨西哥是过去10年全球化改革中被援引最多的两个国家，两国均从20世纪80年代开始融入全球贸易体系。中国从邓小平重新当权之后便开始全球化进程，号召经济实行市场化，解决国内的经济困境。同样的，墨西哥在前总统米格尔·德拉马德里和卡洛斯·沙林纳斯的领导下，经济从进口替代型转向贸易主导型。两国主要的贸易伙伴都是美国。中国和墨西哥均因国家规模大，憧憬着成为世界上最富裕的市场。而对于墨西哥来说，地缘优势可以使其获得明显的收益。

1994年，墨西哥加入了美国和加拿大的北美自由贸易协定，加入这一组织，墨西哥便有了得天独厚的渠道可以进入更加富裕的国家市场。而且在很多方面，墨西哥经济也从北美自由贸易协定中大获丰收。与美国经济之间的体制性联系也自然使墨西哥避免了通货膨胀和货币疲软带来的不安全。经历过灾难性的第一年之后，墨西哥已经可以达到经济合作和发展组织制订的通货膨胀、利率甚至货币稳定的标准了

(Wise,2007)。在20年的时间里,墨西哥将贸易在其国内经济的重要性从10%左右提高到30%,贸易的组成也发生了转变。在1990年,墨西哥几乎有一半的出口产品都是初级产品(主要是石油和金属),而到2005年,这一比例已降至不到20%。随着边境加工业的发展,墨西哥目前的制造业已经成为其出口的主力,而且包含数量可观的高科技产品。然而,这些发展却没有带来相应的收入增长,墨西哥的人均收入过去是美国的1/6,现在仍是。

与此形成对比的是,中国的表现却着实令人称奇。中国曾是全球市场中一个贫困的边缘化地区, 在过去20年中,经济增长每年高达9%(即整体呈5倍增长, 沿海地区增长率更高),其出口增长更快(自2000年起每年增速超过20%)。起初,中美之间几乎没有任何贸易往来,而现在贸易量已达到3600亿美元(其中有2500亿美元是美国的贸易逆差)。中国出口到美国的"典型"产品形象是廉价的塑料游戏(在这一领域,中国实际上已经垄断)和鞋类(美国进口高达71%),美国许多电器消费产品和办公设备从中国的进口量已达到一半,电器类机器设备比率也达到了33%。

在北美自由贸易协定签署8年之后, 中国出口到美国的数量赶超了墨西哥。而使墨西哥更为担忧的是,在与美国的贸易交往中,中国涉足了一些领域。在美国进口电视终端、电器、衣服甚至家具等方面,中国的制造商已经在取代墨西哥。中国出口到美国的高科技产品的数额逐渐增长,而墨西哥方面则停滞不前。这也就意味着中国正朝着这样的方向迈进:对劳动力的利用可以形成一国的相对优势(中国劳动力的工资甚至不到墨西哥的1/3)(Gereffi2006)。

尽管从北美自由贸易协定中收获颇多,墨西哥参与其中的回报却并不如人意。北美自由贸易协定本质上是一个政治经济赌注,由于美国和加拿大的产品更为廉价,使得国内一些工作机会丧失，其损失远大于新的就业机会带来的收入。当然损失已然造成：自从墨西哥1986年加入关税总协定，1994年北美自由贸易协定创制,之前受保护的产业(效率低下的)已经不复存在了。问题是本来预计代替这些产业的就业机会并没有按照预定的比率实现，部分原因是资源如FDI和生产转移到了中国。但同时也有部分原因是政策失误(公共政策和私有政策)，墨西哥未能最大限度地利用机会。例如,中国的生产力一直在提高,但墨西哥的生产力却毫无进展。墨西哥经济后继乏力的另一个原因是和美国的联系过于密切(墨西哥2/3以上的贸易是和美国进行的,美国零售商甚至主导了墨西哥多数市场)。这对于美国工厂的中间生产尤为重要。这种联络纽带在盛世大有裨益,但是时机不好则可能是灾难性的(如2009年墨西哥经济萎缩了约8%)。无论何时,美国经济陷于困境,墨西哥的工业生产都会折射出经济的衰退,同时墨西哥的旅游业收入也会出现缩水(美国大多数也是如此),并且北部边缘地带的相关业务亦会相应减少。2009年上半年,随着对美国的出口萎缩,墨西哥的经济雪上加霜,移民的外汇减少,游客几乎不见踪影。

北美自由贸易协定对墨西哥农业部门的冲击更为明显。农业市场的开放为墨西哥农业经济向北方销售花椰菜和草莓提供了一个绝佳的机会,但是美国更为廉价的玉米(有政府的资助)也得以向南流动。对于数以千万计的边缘地带的玉米农民们来说,这无疑是个灾难,他们毫无竞争力。这导致墨西哥乡村大部分地区人口锐减,给业已贫困的城市和越来越军事化的边界地区带来了持续的压力。

这里的教训明显是互相矛盾的。[①]一方面,中国现象说明,将一国经济与富国社会的需求相结合将会带来巨大的成功。而另一方面,墨西哥也向我们展示了,过于融合亦有危险。美国依赖中国的资助以支持其对中国出口的消费,这种依赖更为复杂,美国将会从中吸取自身的教训。

## –全球食品市场–

或许全球食品体系最能体现当代贸易体系的前景和挑战。现代资本主义领域的一个奇迹便是,食品生产急剧飙升,规模史无前例。其中有些反映了许多地方的产值更高,但这也和人们可从数千英里之外进口食品有关。这种趋势继"二战"之后一直持续。虽然世界人口在50年的时间里翻了一番,食品的产量却翻了两番。全球平均的热量摄入增加了25%(FAO,2004)。

在过去的20年间,人们对于全球农业能否生产出足够的粮食长久地表示担忧,现在这种担忧已经不复存在。世界人口赖以生存的基础作物的产量已经翻了一番或者两番,即使是在撒哈拉以南的非洲,虽然农业产量没有大幅提高,亦取

---

① 另外一个可能的对比是西班牙和欧盟。从 1986 年至 1996 年,西班牙和葡萄牙的国内生产总值相对于西欧其他国家的比重有大幅提高;而 1994 年至 2004 年 10 年间,墨西哥实际上落后于美国。

得了不小的成就。除了基础农产品，全球的“园艺革命”也开展起来，蔬菜产量增长了3倍，水果产量也翻了一番多。肉类和乳制品，以及非食用品，如花的生产亦呈此种趋势。整体来说，发展中国家的高价值农业出口量也提高了（Cookeetal, 2008）。但是富国也从中获益，仅美国的农产品出口到加拿大、中国和哥伦比亚的出口量就接近900亿美元。

全球消费趋势具有合一性（并非所有的趋势都是健康的），这包括分配给食品的预算比率都较低（因为收入较高而价格相对低），人均消费的热量总体有所提高，日常餐饮中的乳制品和肉类产品的摄入量增加。人们购买食品的方式也在变化，因为成品（包括快餐）的数量越来越多，超市中的销售量也不断提高。[①]

但是约有8亿人仍然营养不良，更多人一直处于朝不保夕的状态（其中撒哈拉以南的非洲和南亚最为严重）。一边物质丰裕，一边却贫困潦倒，这种情况并非新鲜。历史上许多大饥荒都发生在食品富余的时代、富裕的地区，这个问题并非是食品生产引起的。世界范围内的基本作物生产足够维持地球上每个人的基本热量需求，问题出在食品的分配上。正如全球市场科技和专业化的传播解决了食品生产问题，但同时它也扭曲了食品的分配体系，导致了目前的危机出现。

正是因为效率提高，市场回报率便高，因此食品生产倾

---

① 食品产业不断整合发展亦是重要议题。例如，在美国，少数公司控制肉类的生产。卡吉尔公司不仅是顶尖的肉类加工厂，同时也负责大部分谷物的生产。少数公司控制肥料和种子的全球市场（FAO:http:www.fao.org/docrep/005/y4671e/y4671e0e.htm）。

向于在更少的地方集中,有可能产生营养类疾病,这样一来彼此之间的依赖度更强。若不是因为民以食为天,这个问题或许不存在,但是将食品商品化,市场便要求消费者能够负担得起。如果数百万人都无力购买他们赖以生存的主食,便只有挨饿。

随着"绿色革命"的到来,灌溉和肥料使用的增多,食品的商业化进程在加快,产量也惊人地提高。但是,这些创新同时也使得生产越来越集中于发展中国家少数人拥有的大型农场。发展中国家可以自给自足的比例在过去40年一直下滑,这具有一定的经济意义,但同时也意味着更多的人要依靠市场获取身体需要的营养。

同样的过程也在全球范围内展开,最高效的国家将那些无力竞争的国家排挤出全球市场。富国对农业生产的补贴也是一个原因。在这一领域,经济合作和发展组织支持市场的言论已在民主选举的政治现实面前黯然失色。为了抚慰富国内部一小部分强权阶层,他们估计花费2350亿美元补贴国内的农业生产。关税(有时会高达300%)也会使得发展中国家的竞争对手望而却步。这些政策对最为贫困的国家产生了极大的影响。首先,政府的补贴使富国的农业生产过度,因此农产品价格走低,贫困的农户难以承受。其次,全球最富国家关闭市场,新的贸易形式也因此无法发展。

而与此同时,全球市场(以及全球资本主义许多主要的管理机构)敦促发展中国家将农业生产的重点放在可进行市场交易的商品上。根据这种思路可培养起竞争优势,实属可行。为什么凯恩斯式的农户努力在生产玉米上与爱荷华州的大农户展开竞争呢？他们明明可以从市场上买玉米，转而生产鲜花，并以更有赢利空间的价格出口。

这些趋势带来的结果是，许多发展中国家之间越来越互相依赖，彼此进口基本谷类作物（对于穷人来说，这是他们日常饮食的主体）。在发展中国家，从进口食品中摄入的热量增加到了将近1/3。在20世纪最后30年，食品进口贡献的GDP比重翻了一番（FAO，2004）。

这种互相依赖代价高昂：当基础商品的价格增速快于工资涨幅或那些不再自己种植作物者的赢利之时，灾难便降临了。这种脆弱的状态是世界上很多国家都面临的永恒困境，但是这种局面直到2007年和2008年价格大幅上涨的时候才被意识到。从2007年3月到2008年3月一年时间内，玉米价格涨了31%，大米价格涨了74%，水稻价格涨了130%。很多地方，一些基本食用品的价格在几天之内飙升。到2009年1月价格有所下滑，但仍比2006年的水平偏高。①

在此背景下便出现了新一轮的赢家（如阿根廷和澳大利亚）与输家（亚洲和非洲大部分地区）。被价格飙升威胁的国家，几乎都是世界市场上最边缘化的国家。至此，2008年全球饥荒的梦魇便开始攫住整个世界。在最穷国的内部，那些处于经济发展底层的国家几乎负担不起食品所上涨的价格，那些食品花费了它们绝大部分的工资收入。食品就在那儿，但由于市场交易的过程，很多人却无法得到。接下来价格的跌幅给市场提供了一个喘息之机，但是下跌的速度也使之前的

① 参见世界银行报告：http://www.worldbank.org/foodprices/。

"成功"国家大受其害,它们也依赖市场的繁荣得以生存。问题的核心不是价格本身,而是全球食品贸易的不确定性和不稳定性。

资本主义经济发展的高效性可将人们从历史悲剧中解放出来，但是这种新的繁荣昌盛只属于那些负担得起的人。当环境变化时，穷人便会实实在在地被关在全球粮仓之外。紧急援助并非长久之计,因为这样也对贫困的农户产生消极的动力,他们会认为,既然可以不劳而获,为何还要费力种植?全球资本主义一个最大的挑战便在于,平衡好强大的生产能力,启用一个更加公平的,或者至少是运转良好的机制,以保证每个人都有渠道购买他们的每日餐饮。

## –全球贸易的前景和挑战–

2008年的危机扰乱了全球贸易几乎20年的直线形发展轨迹。有争论认为,转变起源于美国。随着美国金融危机带来的消费疲软,全球流通体系开始全线崩溃。在2008年后半期,美国的进口量下降了1/5。这一事件波及了全世界,并在世界的其他地方被放大。商品价格开始剧烈下滑(通常首先开始于石油),但是那些依赖制造品出口的国家同样蒙受了损失。到2007年底,日本和中国分别下滑了27%和11.8%。因为这些出口有助于偿付从其他地方的进口商品,这种蔓延的效果极具冲击性,实际上是一触即发。这最终导致了20世纪70年代全球贸易最严重的下滑(全球范围内达到2.1%)。

过去一年的经历再次提供了一些教训。全球贸易体系已经创造了巨额的财富,数十亿人的生活质量高于几个世纪前我们的祖先中最特权的阶层。全球贸易体系也使得更高效的生产分工成为可能,因此商品的消费领域更广。现在来自西伯利亚的天然气可以为法兰克福的房子提供暖气,一些俄罗斯人也可驾驶奔驰汽车。随着更廉价的商品出现,那些低效腐败的行业不复存在。现在用更便宜的价格可以购买到数量齐全的商品,但是必须认识到,这一体系并不是在真空中运行,也并非无坚不摧,它也存在政治摩擦、交易成本和分配矛盾等问题。全球贸易体系是一个绝妙的创造,但同时也存在着潜在的危险。

# 第三章

## 金融与财富

没有相应的金融改革，过去两个世纪大部分伟大的经济革命都将化为乌有。近几十年来，金融机构在经济生活中的作用更为显著。全球货币流通量极速增长，范围扩大，自主性和复杂度明显提高。金融业改变了政治经济力量对比，重新定义了经济利益，也改变了透视经济生活的棱镜。过去40年里，金融危机给一些经济体带来了重大破坏，但它同时也是经济增长的功臣。金融业的繁荣催生了众多亿万富翁和机器轰鸣的工厂，却也加剧了贫富差距和经济窘境。健康的金融是资本主义体系的基石，但金融失效也会给通过市场获取资源的任何活动带来严重问题。随着社会活动中市场因素的不断渗透，金融体系是否完整也愈加关键。

一般情况下，金融都从运行的角度加以理解。它是促进贸易、投资和经济风险管理的社会安排(Kohn,2004)。比如，现金、支票或银行卡是个体、组织或国家购买商品及服务的工具，从而不再受物物交换或实物货币(例如黄金或珠宝)的制约。银行贷款、流通工具或债券市场为企业提供资金，用以投资、日常经营或偿债。股票市场或期货交易使人们得以与其他愿意承担经济风险的人分享利润。从这个意义上讲，金融是协调庞大复杂的当代经济的强大工具，它能有效应对支付、集资、波动等相关的组织类问题。

然而，我们不应局限于对金融的功能性认识，因为能发挥这些用处的不仅是金融体系，而且它的发展现状不只是出于这些功能性的需要，其作用也超出了这些服务范围。金融的内涵从20世纪后期开始扩展，在企业经理人眼里，生意就是净收入流，是投资的回报，其他概念只不过是纯粹金融术语而已。这是因为经理人不是企业所有者，他们不会以可持续的内部发展来促进业务增长(Fligstein，1990)。金融会计和投资语言逐渐遍布政策制定过程，甚至包括那些与金融没有直接关系的领域(例如福利政策)。金融证券也成为政府的一线部门(Druckman and Warwick，2005)。从很多方面，实体经济开始反过来为金融服务。

## –金融市场、体系和机构–

金融体系包含形式众多的工具、参与者和流通，它们共同构成了一个生态系统，控制着资源供给，进而影响不同社会工程的可行性和社会权力分配。

### 金融工具和价格

金融交易的核心牵涉到对某些企业索赔的契约，提出索赔方可以是家庭、公司、政府抑或是国民经济。这些契约，即所谓的“工具”，根据不同条款内容而形式各异：资产种类、契约终止或解除条件、替换保证类型、资产回报率或最低损失额、投资使用或管理条件，等等。这些条件不仅由合约双方经谈判决定，还依赖于政府政策、国际关系、体系内主要成员的战略指向、主流民意等方面。尽管在全球范围内流通的证券种类五花八门,但所有工具都代表了一方用经济债权(例如金钱)来交换另一种债权(例如公司资产和收入,或还款保证)的契约。

最终,金融价格取决于参与者用资产换取特定工具的意愿。因此我们称之为交换价值——这些金融工具本身没有使用价值,必须通过交换获取实际利益。尽管金融市场上证券种类繁多,但它们在社会中的价值或角色仍取决于金融活动参与者的信心。所有工具都带有一定风险,即工具所代表的财富可能会消失。当人们不愿用经济债权购买工具时,金融市场便将崩溃。同样,这些工具也有升值的可能,因此成为许多经济参与者争夺利润的焦点。

对工具即将贬值还是升值的不同看法影响着金融价格,这些对风险和回报的计算有一些基本规律可循。我们可以参考财务报表或经济指标,例如目前的利润率、企业净资产额,或者能影响当事人如期付款或偿债的经济环境。然而,这些基本要素只能预测金融价格的某些变化,无法准确量化的因素同样会影响价格,例如,对不确定未来的估计、私人信息或对他人行为的揣测。为填补信息空缺,参与者可借助对他人态度或行为的印象。这种印象甚至会贯穿整个决策的制定过程(Bikhchandani et al.,1992)。结果就是,对风险和回报的透析,以及某一投资的吸引力,都是一种社会建构。

这种社会建构的价值评价过程可以稳定市场。尽管个人掌握的信息不全面,对投机事件也有着独特的见解,但他们的决定之和(从价格、交易量和资源流上体现出来)就可看成他们的知识之和,或“集体智力”了。该观点在“群众智慧”这种提法中也有所体现。独立分散的群体会比个人做出的决定更为明智,因为个人会被先入为主的观念左右,受制于有限的信息和非理性思考(Surowiecki,2004)。因此,市场中的个人交易会将价格拉到平衡位置,一方的亏损买卖会与另一方的划算交易相抵消。这样看来,市场比组织机构(例如国家)拥有更多的资源配置优势,因为组织往往由强势人群主导,并倾向于群体思维。

这种看法相当直观,也获得了不少支持(Tziralis and Tatsiopoulos,2007),但我们还需明白社会建构的风险和回报估算不是独立形成的。在大众趋势面前,人们往往会抛弃原有想法(即使这些个人观点有着坚实的信息基础),或只是被“集体智慧”所忽略(Kindleberger,2000[1978])。对某种工具的积极或消极的估算会引发连锁反应,固化原有思维逻辑,造成“扎堆”或持续买卖,从而导致价格大幅偏离市场基本规律(Shiller,2000;Hirshleifer and Teoh,2003)。这种连锁反应怪圈的例子有20世纪90年代的信息技术和市场泡沫,以及21世纪初的按揭证券和房地产泡沫。

参与者

经济体中几乎任何一个参与者都拥有影响价格的某种能力,但这种能力的分配是极不均匀的。金融业发展带来的许多影响都可理解为结构、权力和依赖度的变化。

个体参与者左右金融发展结果和成效,但他们的决定在很大程度上受政府的影响,而政府行为都是出于地缘政治和国内非经济因素考虑的。政府对价格的控制权可体现在至少以下四个方面。第一，政府发行金融体系的基本组成部分——货币。操纵经济流通中的货币量就能影响金融和实体经济,因为它能控制价格变化,调节激励措施,改变资源分配。第二,部分流通货币由政府通过税收或财政支出等手段进行再分配。这些手段同样能够刺激或抑制市场意愿或行为,控制证券所有企业的赢利状况。第三,政府管制金融机构,用行政命令对可行的金融工具、契约或资源配置加以制约。第四,政府承保国家金融体系,也是世界经济体系的共同担保人之一。它们是体系的最后防线,在维护市场基本信心方面起着关键作用。出于政治经济的目的,政府往往通过多种方式操控市场价格。

表3.1对比了世界主要国家的金融市场力量。美国在金融领域的中心地位比贸易领域更加明显。

在绝大部分标准下,美国政府都是目前世界上最强大的金融参与者。也许它的力量主要来自于货币。美元是世界货币,全球大部分金融财富都以美元计算。2004年,超过88%的外汇交易都有美元参与。因而,美国政府对美元的控制赋予了它巨大的权力,因为光是印钞票,美国就能从全球金融界攫取财富。这还意味着全球金融家都依靠美国来保护他们的金融资产。美元浮动将波及世界其他地区的贸易、银行业务、借贷和众多其他经济领域。总之,美国利用美元这一利剑控制国际金融体系,行使无上权力。

尽管美国的贸易地位和外国直接投资额是这一权力的重要来源,它还拥有独一无二的优势:容量巨大,并有相当自主权的经济体。美国资本市场发展完善,这从其市场资本化

## 表3.1 世界主要国家金融市场力量对比

| | 市场外汇(%) | 对外直接投资总额 (10亿美元) | 政府公债 (10亿美元) | 市场资本 (10亿美元) | 国外净资产 (10亿美元) | 政府财政收入 (10亿美元) | 贸易额 (10亿美元) | 国内生产总值 (10亿美元) | 外汇储备 (10亿美元) | 世界500强 | 世界500强金融 | 亿万富翁 |
|---|---|---|---|---|---|---|---|---|---|---|---|---|
| | 2004 | 2006 | 2006 | 2006 | 2006 | 2006 | 2005 | 2005 | 2007 | 2007 | 2007 | 2007 |
| 美国 | 88.7 | 392 | 4900 | 19425 | -527 | 2285 | 3322 | 12397 | 75.2 | 153 | 33 | 415 |
| 欧元区 | 37.2 | -- | -- | -- | -- | | -- | -- | -- | -- | -- | -- |
| 德国 | -- | 150 | 1956 | 1637 | 1482 | 802 | 2124 | 2786 | 146.3 | 37 | 8 | 55 |
| 法国 | -- | 201 | 1429 | 2428 | 866 | 918 | 1131 | 2136 | 124.4 | 39 | 8 | 15 |
| 意大利 | -- | 81 | 1969 | 1026 | 35 | 628 | 923 | 1769 | 104.7 | 10 | 4 | 13 |
| 西班牙 | -- | 127 | 486 | 1323 | 50 | 295 | 635 | 1126 | 20.1 | 11 | 3 | 20 |
| 荷兰 | -- | 54 | 322 | 779 | 204 | 250 | 831 | 628 | 29.6 | 13 | 4 | 4 |
| 日本 | 20.3 | 57 | 7525 | 4726 | 486 | NA | 1241 | 4549 | 1004.7 | 64 | 11 | 24 |
| 英国 | 16.9 | 236 | 1015 | 3794 | 10 | 835 | 1267 | 2231 | 80.2 | 34 | 12 | 29 |
| 瑞士 | 6.1 | 98 | 181 | 1212 | 146 | 68 | 325 | 365 | 78.4 | 14 | 5 | 8 |
| 澳大利亚 | 5.5 | 50 | 117 | 1095 | -159 | 187 | 268 | 674 | 35.2 | 8 | 4 | 12 |
| 加拿大 | 4.2 | 102 | 858 | 1700 | 11 | 224 | 814 | 1131 | 42.6 | 14 | 8 | 23 |
| 韩国 | 1.2 | 11 | 232 | 835 | 185 | 184 | 650 | 791 | 247.5 | 15 | 4 | 10 |
| 中国 | N/A | 99 | 555 | 2426 | 1265 | 215 | 1548 | 2243 | 1808.8 | 29 | 5 | 20 |
| 香港（中国） | 1.9 | 90 | 25 | 895 | 396 | NA | 684 | 177 | 158.1 | -- | -- | 21 |
| 俄罗斯 | 0.7 | 56 | 87 | 1057 | 254 | 231 | 433 | 764 | 595.9 | 5 | 1 | 53 |
| 印度 | 0.3 | 33 | 561 | 818 | 172 | 101 | 344 | 808 | 306.1 | 7 | 1 | 36 |
| 巴西 | 0.2 | 47 | 489 | 711 | 66 | NA | 235 | 882 | 203.7 | 5 | 3 | 20 |
| 墨西哥 | 1.1 | 25 | 195 | 348 | 31 | NA | 472 | 767 | 95.4 | 5 | 0 | 10 |
| 土耳其 | <0.1 | 21 | 241 | 162 | 27 | NA | 228 | 483 | 79.3 | 1 | 0 | 25 |
| 南非 | 0.8 | 7 | 84 | 715 | 40 | 74 | 135 | 242 | 35 | 0 | 0 | 3 |

世界500强金融企业指的是世界500强中的银行、多元化金融企业、保险和证券公司。

来源：国际清算银行(2005)；《财富》杂志(2008)；《福布斯》杂志(Kroll,2008)；《经济学人》(2008)；国际货币基金组织(2008)；世界银行(2007)；经济学人智库。

程度就可看出。它不仅容纳了美国企业证券,还是众多外国企业获取资本的集中营。除此之外,美国政府预算高昂(虽然税率较低),全球几乎1/3的大型企业和亿万富豪来自美国,它还拥有公认的价值衡量货币以及金融避风港的称号。这种独特地位使得美国政府即便大量发行廉价国债,他国外汇储备也蜂拥而上,争相购买。因此,美国政府能够承担高额债务,维持高消费,保持巨额国际贸易逆差,成为世界消费中心和世界银行。

第二集团参与者包括世界其他富裕国家的政府,例如英国、欧元区、日本和瑞士。它们的货币和财政能力相当,一些主要跨国企业总部也地处其中,但它们单独的力量都远不及美国政府。除了它们的货币、财政形式和管制能力外,这些国家还在主要国际金融机构(例如国际货币基金组织)中拥有一些政治影响力。美国要想发挥金融主导作用,与这些国家进行某种程度的合作是必不可少的。除此之外,它们的经济总量也相当惊人,政府资源丰富,是主要金融中心和跨国公司总部的所在地。它们与美国一起,组成了金融流通和储备的主要战场。

非核心国家也能通过大量持有主要货币行使某些权力,影响范围主要是货币发行政府和其他重要金融市场(Dooleyetal,2003,2004)。这些货币经常以“主权财富基金”的形式出现。新兴亚洲经济体利用贸易顺差吸纳美国债权,从而保持低汇率和高出口竞争力。此举迫使美国依赖这些国家对美国国库券的增持。过去几年中,其他国家,尤其是石化燃料出口国,效仿了亚洲外汇储备的积累模式。

位列第二集团之后的是财力相对雄厚的参与者,包括与国际市场联系紧密的大型组织,诸如小型政府、跨国企业、大型金融集团、私募融资巨头和多边组织(例如国际货币基金组织和国际清算银行)。这些参与者种类较多,由于其出众的资金再分配能力,一些参与者拥有强大的市场控制权。相比主要金融国家,这一组织的特点在于其自主权的相对缺乏,因为它们的决策受到各自政府和地缘政治中金融"游戏规则"的束缚。虽然它们受到约束,但其巨大的财富拥有量和跨境支付能力也赋予了其些许自主权。一些行业巨头的行动或态度甚至能反过来左右规则制定者本身。

第四集团则是一些规模小、限制多的参与者,即家庭或小型企业。它们的金融选择取决于政府和私人媒介。尽管这一集团中的个体在整个市场上几乎没有实际影响力,但其集体行为,如果足够强大和统一,则能压倒其他集团中的参与者。比如,银行挤兑或资本逃离即使不会使金融机构、经济体系和政府瘫痪,也能给其带来巨大损失。

国际金融流动

金融流动的主要参与者较少(有时不同于贸易流动),因此比贸易流动更为集中。这种情况主要体现在两类市场中:有价证券投资(股份、债券、存款或其他金融资产的跨境投资)和储备持有(一国政府持有他国货币)。表3.2描述了2001年有价证券投资总额排名前10位的国家的投资情况。表中数据的单位是10亿美元。

全球有近1/4的有价证券投资流向美国,并有1/5左右从美国流出。相比而言,只有近1/4有价证券投资的目的国不在

表3.2　2001年有价证券投资国家排名

| | 美国 | 英国 | 日本 | 卢森堡 | 德国 | 法国 | 意大利 | 瑞士 | 荷兰 | 爱尔兰 | 其他 | 合计 | 合计(%) |
|---|---|---|---|---|---|---|---|---|---|---|---|---|---|
| 美国 | … | 504 | 131 | 142 | 146 | 47 | 196 | 13 | 59 | 200 | 809 | 2249 | 18% |
| 英国 | 309 | | 130 | 131 | 73 | 91 | 94 | 22 | 46 | 15 | 394 | 1304 | 10% |
| 日本 | 490 | 110 | 111 | 64 | 46 | 34 | … | 46 | 133 | 22 | 233 | 1290 | 10% |
| 卢森堡 | 178 | 60 | 150 | 59 | 54 | 47 | 27 | … | 20 | 11 | 213 | 820 | 7% |
| 德国 | 108 | 73 | … | 64 | 87 | 81 | 10 | 103 | 12 | 5 | 238 | 792 | 6% |
| 法国 | 117 | 69 | 86 | … | 84 | 74 | 17 | 31 | 21 | 10 | 201 | 710 | 6% |
| 意大利 | 74 | 34 | 60 | 44 | 53 | … | 12 | 106 | 18 | 3 | 149 | 552 | 4% |
| 瑞士 | 76 | 23 | 57 | 26 | 35 | 6 | 10 | 66 | 12 | 6 | 178 | 496 | 4% |
| 荷兰 | 137 | 41 | 68 | 45 | … | 44 | 12 | 8 | 3 | 3 | 124 | 486 | 4% |
| 爱尔兰 | 155 | 89 | 33 | 19 | 13 | 27 | 10 | 13 | 7 | 5 | 72 | 441 | 3% |
| 其他 | 1434 | 277 | 334 | 170 | 107 | 128 | 144 | 113 | 68 | 29 | 671 | 3474 | 28% |
| 合计 | 3078 | 1280 | 1160 | 775 | 698 | 579 | 533 | 521 | 398 | 308 | 3282 | 12613 | |
| 合计(%) | 24% | 10% | 9% | 6% | 6% | 5% | 4% | 4% | 3% | 2% | 26% | | |

来源：国际货币基金组织（2003）

表中10国之列(仅占世界上13%左右的人口)。你也许会对表中出现卢森堡感到诧异,其实卢森堡是"离岸金融中心"的典型。它的经济总量虽小,但为迎合投资需要制定了相应政策,例如较低税负、更多金融部门补贴、松懈的银行管制,或对企业所有权模棱两可的法律。这些法律在服务正常公司利益的同时,可以让避税或洗钱行为有空可钻。

对外有价证券投资也高度集中,只有1/4来自前10名之外的投资国。所有这些国家中,只有意大利的首要投资目的地不是美国。除了美国市场的巨大吸引力之外,有价证券的投资模式因各国而异,但资本主要在有着共同地缘、政治体制、经济制度或其他密切关系的国家间流动。例如,欧盟国家倾向于在彼此的市场上投资,而加拿大有2/3的投资来自美国。

美国在国际储备(广义上的货币市场)方面的主导地位更加明显。美国市场之所以重要,在于其巨大的市场所有量——2007年底拥有6.3万亿美元购买力。其重要性还在于外汇储备是一国政府库存现金的重要方面,可以用来化解危机,维持稳定(B.Cohen,2006)。美国的"货币霸权主义"在这方面显而易见。全球大约64%的政府指定储备[①]以美元形式存在,还有很大一部分是欧元储备(28%),剩下的主要是英镑和日元。虽然有些国家鼓吹替代美元,却自身大量持有,因此美元的核心地位并未被夸大。在某种意义上,各国自发的外汇储备持有情况体现了全球公共财政中存在的货币依存

① 这意味着储备货币的选择是政府的有意行为。

度。美元就是购买力，每个人都依赖于此。

一个重要现象就是非美机构的美债持有量足以“劫持”美国，这不仅是美国中心地位的体现，同时也说明了其矛盾性。境外实体持有近2.2万亿美国国债，其中中国就占了1/3。[①]巨额债务一部分刺激了美国消费膨胀，反过来又推动了第二章中提到的贸易扩张。美国通过借贷的方式使其他国家得以向美国人出售更多产品，从而为全球经济复苏提供动力。这样一来，美国一方面被置于特权地位，另一方面也意味着美国经济的存亡依赖于别国对其的信心。除了这些顾虑，许多人依然担心有些国家过度节省，有些却过度消费将带来的可能后果。

## –全球金融的兴起–

金融体系的形成受社会危机和矛盾冲突的影响，其应对方式变得具体化，因此沦为“正常”的经济活动。大部分我们所认为的经济生活中的金融因素，曾经一度被视为有历史根源的社会问题的症结，因为它助长了某一群体掌控世界经济的社会架构。

当今，全球金融市场容量大、范围广、程度深，而且机动灵活、不受管制、影响力大。从很多方面看，现今的资本市场与19世纪的市场很相似，并且代表了从后萧条时期遏制私有资本市场权力和易变性的重大回归。全球资本市场经历了20余年的政治和经济危机，这些危机恰好为政府遏制资本市场

① 具体数据请参见 http://www.treas.gov/tic/mfh.txt.

的去机构化和金融家调控经济的中心地位的重新确立做好准备。然而，从1997年到21世纪早期，金融资本主义体系越来越多地被视为危机的始作俑者。一些政府重夺金融控制权的企图也初露头角。2008年的金融危机无疑加大了“夺权”呼声。

金融领域的权力交替周期

许多学者都认为全球经济存在着周期性权力交替，以此保持平衡。交替双方是区域国家主导的侧重国内经济的精英人士和全球霸主或核心国家集团主导的拥有全球视野的资本家。这一理论最广为人知的典型就是“霸权稳定论”：将跨国资本家放在首要位置的经济体制要求国家成为世界霸主，并能使霸主从中受益（Eichengreen，1999）。在自由的跨国资本市场体制下，全球霸主推动并保护资本自由流动的国际体系，进而从中获益，就像美国。Ruggie（1982）认为不仅仅由霸权创造自由资本体制，世界主要国家间的共同追求同样能使政府联手，打造全球资本体系。相比而言，Arrighi（1994:33）认为全球金融资本主义的兴起与衰落植根于投资回报的变化。在此过程中，社会发展所需的经济积累最先来自本国领土的资源转化，接着转向国外获取资源。

不论全球金融市场的阶段性起伏原因为何，总之这些变化呈现出周期性的发展规律。类似体系在15世纪的意大利城邦国家，17世纪的荷兰和19世纪的大英帝国也能找到踪影（Arrighi，1994）。这些时期与当今世界体系拥有很多共同点。“二战”之后重建国际金融体系的种种努力换回了后萧条金融管制和布雷顿森林体系的建立。人们希望通过规制金融中介，控制国际资本流动，调整金融市场价格来预防大萧条的始作俑者——金融过度的再次发生。战后对资本主义的态度甚至比大萧条之后还要严苛，一些政府开始从多方面遏制资本主义的发展。

20世纪70年代之后，布雷顿森林体系也开始面临一些问题：战争导致了美国收支不平衡，财政赤字，外债举日攀升并超出了美国黄金储备总额（Helleiner，1994；Block，1977）。1971年布雷顿森林体系的解体标志着国家逐步操控金融的缓慢进程的终结，而这一过程主要是美国和英国利用政策导向控制的（Helleiner，1994）。除此之外，它也意味着国家间进行金融操控的框架体系开始分崩离析。

正当政府操控即将瓦解之时，全球银行业经历了一场重大转变。1973年之后，坐享高额能源价格的石油生产国将高油价的利润转存至美国银行体系。至此，新的全球信用市场开始用其他领域的借贷来平衡石油美元的巨额存款。为了支付新国际存款人的利息，银行大肆鼓励借贷，重点针对有着丰富资源只缺投资以获利的国家。结果就是众多发展中国家的债务井喷。在不到20年的时间里，世界上欠债最多的发展中国家的负债额从本国GDP的10%陡增到47.5%。到1987年，光借贷服务就占了全球出口收入总额的1/4。其中包括共产主义国家，它们的负债额到20世纪70年代末期突破了500亿美元（Eichengreen，1999:297）。

一些发达国家，尤其是英语国家开始采用精益政府、放任自由的政策来应对这些变化。但由于政治极端或僵局的缘故，发展中国家往往无法进行金融改革，并且许多政府采用增加铸币的方式应对这一问题（案例请参照Morales and Sachs，1989）。铸币也就是印钞，它使市场充斥着一种货币，从而导致贬值，引发通货膨胀。20世纪80年代，许多国家都陷入了高度甚至恶性通货膨胀，从而加速了金融秩序的瓦解。

随着政府负债的不断上升，再加上发达国家从滞胀危机中逐步复苏，利率和债务服务价格也有所提高。对主权借贷的热衷渐渐消退，政府的偿债能力也开始备受猜疑。1982年墨西哥债务危机引发了信用市场恐慌，债务融资因此被迅速叫停，许多国家都陷入了严重清债危机。在这种情况下，经济学家开始青睐于严厉的银根紧缩措施、适当从紧的货币政策和金融自由化（Williamson，1990a），而之前广为流行的奉行经济干预的凯恩斯主义政策正逐渐失去人心（Snowdonetal，1994）。

在金融市场中，改革的关键步骤在于放松对国外投资的管制和金融交易的监管，允许国有企业私有化，许多政府职能和国有企业应该放归市场。例如，养老金进行了私有化改革（Muller，2000;Brooks，2005），同样进行私有化的还有一些重点工业和基础设施（Megginson and Netter，2001）。这些方面共同作用，促成了经济环境的改变，使得金融业更加自主，金融家也在国家经济发展中扮演着更重要的角色。冷战的结束同样加速了这些趋势的发展。

## –金融资本主义–

20世纪90年代初期开始，金融全球化已经在发展中国家有声有色地进行起来。进入21世纪后，国际直接投资（包含在

GDP中)比20世纪80年代平均数额增长了3倍。国际资本流动额和市场资本化程度分别提高了2倍，在经济中的份额也翻了一番。在这10年里,国际资本流动的数量和涵盖国家都呈井喷态势。表3.3描述了全球范围内的金融市场规模,表中的数据是样本国家数据的中位值。

**表3.3　1970—2005年国际金融发展(每10年一计)**

| | 外债* | | 预算余额 | | 对外直接投资总额 | | 私人资本流量总额 | | 市价总值 | |
|---|---|---|---|---|---|---|---|---|---|---|
| | 国民总收入(%) | 10亿美元 | 产总值(%) | 百万美元 | 总值(%) | 百万美元 | 产总值(%) | 10亿美元 | 总值(%) | 10亿美元 |
| *1970-1979* | 29.2 | 0.6 | -- | -- | -- | -- | -- | -- | -- | -- |
| *1980-1989* | 57.5 | 3.2 | -4.1 | -416 | 0.9 | 120 | 6.8 | 0.6 | 19.8† | 13.7† |
| *1990-1999* | 67.3 | 4.8 | -2.9 | -496 | 2 | 458 | 10.8 | 1.8 | 34.5 | 44.1 |
| *2000-2009* | 66.6 | 6.2 | -2.3 | -426 | 3.6 | 1160 | 14.5 | 4 | 55.7 | 100.1 |

*仅发展中国家　+仅1988年和1989年

市场资本化和预算平衡的相关数据分别取自49个和59个国家的样本(21个和19个经济合作和发展组织国家)。

来源:世界银行(2007)

苏联解体后，一批经济发展良好的国家回归全球市场,供金融家们开拓发展。面对迫在眉睫的严重经济危机,这些前共产主义国家转向美国寻求建议和援助,并采用了“休克疗法”的战略。这种战略旨在将政府对经济的控制进行去机构化,以防旧政体继续破坏经济交易(Murrell,1993)。和平红利的承诺和真正全球资本主义的光明前景令众多资本投资者大为振奋,他们争相于早期投资机会流逝之前在新解放的市场中占得一席之地。虽然不同国家接纳这些市场的政策和时机不一(Taylor,2006),但都感受到了来自新市场的变化,各自的经济发展命运也随之改变。

对新机遇的兴奋和竞争愈加激烈的大环境激发出一系列变化，使投资者看到了新的、更多样的投资机会。随着管制的放松和70年代管理模式的改变，越来越多的资本得以流向市场。一些资本巨头也应运而生，例如养老基金或保险联营；与此同时，对股票市场信心的恢复也吸引了私人投资家参与到新兴共有基金的行业中（Hawley and Williams，2000）。因此，从90年代早期到中期，企业和国家发展的资金来源得到极大满足。发展中国家也尝到了发展的甜头，在重点基础设施上实现了重大突破（Kuczynski，2003）。

金融业中心地位的确立还归功于企业和政府的内部改革进程。正如Fligstein（1990）指出的那样，美国在20世纪70年代之前的严厉反托拉斯法规迫使资本所有者（大企业和投资者）在限制范围内（控制某一市场或工业领域的垄断势力）寻找财富积累的新途径。美国政府能够阻止企业合并或收购与其业务紧密联系的公司（例如收购其供应商、分销商或竞争对手）。然而，这些法律法规却无法阻止收购无业务关联的企业。到60年代，一批跨行业的企业集团正逐步成形。

弗里格斯坦认为，这种做法的影响就是从根本上改变了我们对生意的理解，至少是对大企业的业务。在资本主义发展的早期，商业被理解为资源、流程和市场力量的聚合，为经济提供某种产品。而这个多元化合并收购的时代对金融概念重下了定义：投资回报，股权价格比，以及基于现有和预期现金流的其他概念。商业发展越来越依赖于对“利润中心”的占领，而不再是通过内部增长经营更大更有竞争力的企业。反过来，完成重大收购的需求催生了企业对资本、信用和股权投资的需要，因而为“大银行”的扩张打下了基础。

正是在这种情况下，许多重要变化（带来了规模巨大、影响深远、利润可观的金融操作）在美国和其他不少效仿美国的国家里生根发芽。这一演变无疑催生了“控制的金融概念”，以及在商业文学和赔偿决策中对财务业绩衡量的重视。简而言之，企业运作过程中更加关注股东收益；企业的表现好坏反映自其季度市值。一方面，这强调了对市场分配价值的信息过程的最高信任，也符合资本主义的发展逻辑；另一方面，它将注意力从企业本该关注的实际业务转移到反映这些业务表现的股票市场上。这意味着从20世纪80年代初期开始，一直到21世纪，成功的首席执行官并不代表他们开发了更好的产品或取得第一的销售业绩，而是提升了公司的股价。由于企业财会的纷繁复杂和经常性市场力量的“非理性繁荣”，这些措施之间不一定相互关联。

这些年里，“金融技术统治论者”同样在各国政府内部涌现出来（Centeno，1994）。这类人往往是年轻人，在美国的大学里接受过全球资本主义的“教化”。他们逐渐取代了两类精英阶层：一类来自基层政治选举，另一类掌管着石油、矿产等国家资源。金融技术统治论者擅长股市、全球金融机构的结构分析、年度报告解读，并与国际货币基金组织等国际金融机构保持着良好关系。该趋势也蔓延到学术领域。金融研究在商学院或经济学院中占据了主导地位，金融工程专业也应运而生。

危机接踵而至

贯穿整个20世纪90年代，资本市场自由化的潜在负面影响变得越来越明显。这些问题在发展中国家的集中体现就是接二连三的货币危机,因为市场容量相对较小的发展中国家面临着资本迅速外逃的危险。这些资本要么回流到本国,要么撤离到安全富裕的经济体。许多国家都成了货币危机的受害者,包括1994年的墨西哥,1997年的泰国和韩国,1998年的俄罗斯,1994年和2001年的土耳其,1999年的巴西,以及2001年的阿根廷(Rodrik,2006)。这些危机的一个显著特征就是即便危机仅波及部分地区,整个发展中世界都同时遭遇了资本外逃至安全港(也就是富裕国家)的困境(Kaminsky and Reinhart,2000;Fratzscher,2003)。更糟糕的是,分析家开始注意到,恐慌性资本外逃往往不是由于经济体系的根基出现问题,而更像是金融圈一种自我应验式的预言(Obstfeld,1996)。也就是说,金融业(本应反映其所在经济体的状况)的相对自主性迅速提升,尾巴变得太大,甚至都跟身体脱了节。

在发达国家市场,宽松的管制环境引发了投机过度,甚至犯罪。尽管之前有批评称政府的大肆干预助长了公共部门腐败(Krueger,1974),但无法无天的市场也同样脆弱。在20世纪90年代末期的经济繁荣中,以安然、世界通讯公司(美国第二大长途电话公司)和艾德菲为首的不少美国企业都建立在依赖于利益至上的私人审计师的体系之上。企业花钱雇用这些审计师扭曲财务报告,以达到吸引投资的目的。这些问题一旦曝光,金融信息的信用危机便迅速蔓延开来,投资者也赔得底儿朝天。亏损数额之巨大毫无疑问在现代历史上是绝无仅有的,但这一事件的确传递了一个信息:假若存在着勾结串通,再自由的市场也不会带来优化信息的广而告之。此外，逐利本性会诱发信息歪曲的现象也愈加明显，例如会计师事务所仅着眼于短期审计（就像安达信公司管理安然账目，或是信用风险评级机构监控托管公司那样）。总之，整个金融业的管制都危机重重。

在过去10年里，分析家一直对发展中国家从资本市场自由化中的获益模棱两可。1997年亚洲金融危机结束后不久，分析人士开始告诫，鼓吹自由资本市场带来增长的理论存在着漏洞（Stiglitz，2000），各国应该对金融市场略持防守态度（Feldstein，1999）。重新对金融自由化的系统性审视总结出，这些理论是从互相矛盾的结果和禁不起推敲的结论中得出的（Koseetal，2006）。资本控制——被一些人视为过时的不切实际的政策遗留而遭到摒弃（Isard，2005；Dornbusch，1998）——又被重新推崇为可行的政策选择（Montiel and Reinhart，1999）。金融全球化似乎令那些期待经济得以迅速增长的人们失望了（Rodrik and Subramanian，2008）。

这组数据些许能反映出金融市场的变动所带来的后果：1945—1971年间，发达国家只有一次银行业危机，而从1975年到1997年，国际货币基金组织成员国共爆发了54次大大小小的经济危机（Eichengreen and Arteta，2002）。英语国家的一些典型例子包括20世纪80年代的美国储贷危机（Calavitaetal，1997），1998年长期资本管理基金的失败（Lowenstein，2000），以及2007年英国北岩银行的破产。当然，2008年也多次爆发了类似的危机。富裕的国家同样存在对国内市场放松管制的悲观情绪。一些批评家认为金融报告的过度管制是出现类似安然公司问题的源头，而严格的会计实务构建了一种框架体系，违法操作者能心安理得，故而破坏了规则原本的目的：透明度（Healy and Palepu，2003）。主要的政策调整——2002年的萨班斯奥克斯利法案——旨在通过提高公共报告要求来扩大信息传递程度。瑟德尔伯格（2008）等批评家指出这些政策调整几乎没能改变自行调节的金融资本主义现状，也未给股东提供什么强有力的保障。

2008年美国抵押贷款证券化危机升级，带来一系列连锁反应，导致信用丧失，金融和经济危机爆发。这时人们才深化了对国内放松管制的担心。这次危机的牵涉面极广——与腐败无明显关联——进而引发了对无管制市场在多大程度上能做出正确金融决策的质疑。未来数年会产出许多对这场危机的分析，但目前看来，无管制的市场并不如之前想象的那样是经济发展的理想解决办法。一些市场自由化改革为这次危机埋下了伏笔。《1980年废止对存款机构管制及货币控制法案》取消了按揭比例的限制，以争取高风险借贷人并从中获取高额利息，次债市场从此应运而生。1999年格莱姆-里奇-布莱利（GLB）法案（即金融服务现代化法案）废除了银行不得经营证券和保险业务的规定（分别于1933年格拉斯-斯蒂格尔法案和1956年银行控股公司法案规定）。在爱冒风险的投资银行家的带领下，GLB法案允许金融企业整合，从而将多种业务（例如投资、小额银行业务和保险）捆绑在一起。

## –金融崛起的负面影响–

### 风险社会化

风险本身无所谓好坏。任何一次创新都伴随着失败和资源损耗的可能性。而创新是资本主义体系的一个主要支柱，帮助社会淘汰落后的企业和产品，发展壮大新生力量。从这个意义上，熊彼特（1942）就标榜资本主义体系是“创造性破坏”的永续推动力。当然，资本主义是经济发展的推进器这一点无可争议，但其对资本市场无止境的自由化却会带来可怕的系统性风险。

市场诞生之初，对投资的狂热和恐慌已然随之而来。著名的历史事件包括1634—1637年的荷兰郁金香泡沫，1719—1720年的法国密西西比泡沫，以及1720年的英国南海泡沫事件（Garber，1994）。根据历史记载，金融危机在过去数个世纪中呈周期性爆发态势（Hoppit，1986；Wood，1999；Braudel，1982）。但是在布雷顿森林体系下，商品价格高度稳定（Fischeretal，2002），并维持了相对经济繁荣。后萧条时期制订的大多数金融管理框架都旨在通过减少“冒险者”的金融操作渠道来降低各种风险。比方说，低利率抑制了向高风险借款人放贷，因为潜在利润回报与风险相同的其他投资比没有什么优势。中世纪资本市场的规则限制投资者在许多有利可图的市场中追求高回报。这种做法有效限制了资本流向信用度低、不值得投资的领域，并最终有利于资源优化配置、结构合理的企业进行融资。放松管制和私有部门相互竞争的大环境激发了20世纪80、90年代投资基金市场的增长和创新。

这些变化刺激了一些新型基金的崛起，它们为个人投资者提供了深入传统上不易进入的市场的有效渠道，从而为新兴企业、工业或国家提供资金来源。政府中央集权的控制力也一部分转移到了金融中介手中，这些人更倾向于高风险、高回报的投资模式,而不是以维持稳定为中心。

鉴于近期事件，这一问题在金融杠杆上体现得尤为明显。金融杠杆得以让投资者超资本额下注。股票边际购买或住房贷款是杠杆的常见形式。如果投资正确,杠杆会带来高额回报,反之则会导致巨额亏损。因此,房屋所有者会隐藏房贷与房屋最终售价(扣除利息后净值)间的差额,尽管当初在购置房产时,他们的投入少很多。相反,在2009年,很多房主都发现自己“欠债累累”——房贷总额远远高于房屋的市场价格。

杠杆从本质上并无缺陷,事实上,它是全球资本主义发展的关键动力之一。然而,杠杆和委托代理问题都可能极端化,过去10年就是个很好的例子。自由市场容易滋生背理动机:小额投资者在佛罗里达大肆购买房产,对冲基金经理人用其资本所有量20~30倍的价格进行投机。

杠杆投资过度或短期高风险的利润回报体制已使金融业发展极度变形,它不再是谨慎小心进行长期资源配置的过程,更像是个赌场,玩家疯狂下注,不论赌多少钱,或是谁的钱。全球金融体系作为一个整体笃信增长是永恒的主题,明天的收入足以偿还昨天的债务。更危险的是,既然个人与企业间相互借贷,他们也彼此成了对方的债奴(例如,甲的杠杆投资失败了,故而无法偿还乙的贷款。但乙同时也进行了杠杆投资,甲的违约导致乙宣告破产,进而伤害了其出借人丙,如此环环相扣)。究其本质,杠杆让所有人受制于最高风险投资的赢利能力。杠杆和全球金融的紧密结合意味着灾难性的“正常意外”随时随地可能发生。雷曼兄弟的破产就像是“挑战者"号失效的"O形环",只不过是问题的冰山一角。

金融操作集中在少数机构投资者手中将会并且已经导致公众盲目追随,进而扩大机构投资者的操控力。理论上,让部分投资者破产有利于抑制风险投资,但若是破产落到有着数亿美元资产的大企业头上,则会使人们对经济状况丧失信心,导致恐慌甚至引发严重危机。其他具有重要社会功能的机构,例如养老基金或保险联营等,也将随着市场崩盘而瘫痪。因此,政府往往会出面收拾这些风险投资留下的烂摊子,从而将机构投资者的风险行为社会化。这就会引发所谓的"道德危机"问题——使用这些资金的人不用承担崩盘冲击,因而在利益驱使下更倾向于高风险投资。即使在政府不保证会出资救市的国家,基金经理也有着令人羡慕的短期收益。商人们也会在亏损之前将几年来的管理费和红利存入银行,避免投资者财富殆尽导致自己分文未得。

该社会保险的最著名案例就是当下的美国按揭市场危机——银行和投资公司将上万亿美元投入到不透明、证券化的按揭当中。2005年前后,中间商从这些证券中获得了丰厚的回报,进而又将大量资本回投,因此可以预见的房地产市场泡沫的破灭(《经济学人》早在3年前就对此泡沫做过封面报道)给全球金融体系带来了巨大威胁。在对华尔街发给基金经理高额红利的报道之后,政府不得不在2008年10月出资约1万亿美元买回贷款抵押证券。高风险、野蛮式的逐利贸易导致了类似崩盘,其中一些由政府埋单,另一些则由个人投资者承担。

除了这些投资本身的质量问题,许多人也在思考全球金融体系的框架结构是否容易滋生过度风险。此问题的最佳例证就是对冲基金、互惠贷款以及财务工程衍生品的连锁市场。它们都是能估算风险和回报的理性金融工具,但也伴随着两类风险:第一,这些工具基本都只够应付可预见的事件,对史无前例的情况束手无策;第二,通过紧密耦合相结合,这些工具制造出一个复杂体系,它会并且已经导致了"一连串失效"(Bookstaber,2007)。是否有管理体制能够实施监督,并能有效避开此种危机?各界对此还是众说纷纭。

责任是多是少?

针对干涉主义国家政策的主要批评之一,就是国家公职人员会出于政治目的操控市场。毫无疑问,在独裁国家里受政治原因驱使的经济操控臭名昭著(Acemoglu,2005),一些民主国家甚至也会实施些目光短浅的政策,用长期经济发展换取政治支持(Alvarezetal,1991;Olson,1982)。通过调度国家资源来控制价格或总体流通趋势,政府能在短时间内操纵经济活动以满足自身目的,但却以长期社会利益为代价。有人认为金融自由化束缚住了政府选择(Andrews,1994),从而使国家受制于市场力量——资本主义成了"调控者的管理人"。

自由化并不一定会导致金融特权,建立经济参与者间相互独立的分散体系。多数资本通过中间商流通,从而将金融操作权放在为数不多但却相互关联的机构手中。它们也面临诸多限制,这是机构投资行业的共性。出于某些压力,金融管理者注重短期效益,敢冒风险,并能打破基金管理常规以吸引并留住投资者(Menkhoff,2002)。从某种意义上讲,机构投资者比个人投资者更倾向于集中性投资(Nofsinger and Sias,

1999;Sias,2004)。机构投资的最终收益也许高于个人投资,并会带来一些好处,比如平衡经理权力,提高公司治理水平;分担个人投资者风险,但与职业投资者文化和工作激励制度的分离不利于信息传播(Menkhoff,2002);或是将金融市场与实体经济分离(Menkhoff and Tolksdorf,2000)。

这里的一个关键问题,即自由化之后,对金融经济的控制重心是否掌握在承担着更多责任或有更多束缚的经济参与者手中。他们以贡献社会为宗旨,不会以公众利益为代价谋取私利。20世纪晚期的一些改革成功地将清醒治理应用到金融体系中。例如,对货币体系的控制逐步从政府官员转移到独立建制的央行行长手中,这一转变似乎降低了通货膨胀率(Cukiermanetal,1992)。然而,独立的中央银行并不是市场选择的解决办法,而是对韦伯科层组织理论的践行。广义上,放松管制导致了权力向如上所述的机构和富裕投资者阶层转移,他们正逐步受到市场"自我治理"的"管制"(Soederberg,2008)。

"市场纪律"靠恐惧和担心维持——冒险失败者将沦为"无产阶级"。然而当决策由中间商或代理人制定时,这种恐惧就不太奏效了。这是因为他们管理的是别人的财富,可以通过疯狂投资增加个人资产。即便引发危机,他们的雇主宣告破产,自己的财产也不会受丝毫的影响。再者,尽管亚当·斯密提出了经济自由与普遍繁荣间的著名对等关系,但事实说明私有化的金融体系会以国民经济福利为代价,换取自身利益。尤其在有政府保底的情况下,它们会毫无顾忌地进行风险投资。正如安然和世界通讯公司的教训告诉我们,经理人、公司和社会审计人员在经济利益驱使下会扭曲公布于众的金融信息。私有企业的首要责任就是为股东谋取利润，而不是服务社会。

剥削和不平等加剧的阴霾

金融市场自由化的一个主要好处就是刺激了对信用度低的企业进行投资，这些企业的资本量较少，或面临融资问题。因而，次级房贷或垃圾债券使得不富裕的人们买得起房子，或是财力弱小的企业能够筹到资金。资本家愿意承担这些投资的风险，因为他们能从中赚到更多的利润，争取到更有利于投资者的合约。但问题在于这些投资的风险大，容易产生违约情况，甚至导致崩盘。对世界上的穷人而言，接触正规资本市场的渠道是非常有限的，即使在降低信用度或放宽投资条件的情况下都无法够格（Haberetal，2003）。从这个意义上讲，放松资本限制也许能帮助发达世界的弱势群体，尽管这部分人（综观全世界人口的平均经济水平）有时被划分到“富人”行列。

但是，在发达国家，社会经济增长的个人收益分配更青睐富人。在过去几十年的发达社会里，尽管工资增长相对缓慢，但投资回报却异常强势。比方说，从1980年开始，美国标准普尔500指数的股价增长了11倍，相比而言，工资增长幅度却非常有限。这些收益都集中在“市场参与者”手中，他们大多是资本所有者——公众资产转移分配到高产出的金融投资领域，资本所有者越来越富有（Bertaut and Starr-Mc Cluer，2000）。正如卡皮纳里（2005）所说，美国最贫穷的60%的人口，其年均财富增长率仅不到1%，而最富裕的1%的人口却享受着超过4.5%的年均财富增长率，这是导致贫富差距不断加大的重要因素。对该情况的一种回应就是呼吁穷人提高在金融市场的参与程度。但要参与投资就必须首先攒够存款，这在工资不增长的前提下是很难实现的。

最后，金融自由化对政府提供的服务也会产生影响，这一点往往被误认为对弱势群体的帮助。即便私人金融促进了弱势人群的工资增长，但是面临长期金融压力的政府不得不进行裁员，减少必需品和服务的提供。对金融自由化优势进行分析的一个主要问题就是，穷人工资增长的部分是否必须花在其他经济体系下本该提供给他们的产品和服务上。

### –财富也危险–

国家的贫富往往是通过实体经济的状况进行衡量，而非金融经济。2008年的金融危机断然证明了这一观念的荒谬。金融问题能破坏实体经济活动，就像金融繁盛能推动实体经济增长一样。金融经济本身是自己的最大敌人。其中的参与者、权力结构、运作机制等与政治经济体系（例如贸易、生产、消费、政府治理或军事力量）的其他部分大相径庭。从某些方面而言，金融影响着其他部分的运行。金融部门是全球资本主义的一支独立力量。

金融不稳定是我们通过野蛮式金融资源配置追寻经济增长机遇所必须付出的代价。如果我们能变得更为富裕，这一代价也许物有所值。但金融自由化从许多方面都是令人失望的，尤其是对发展中国家（Rodrik and Subramanian，2008）。很显然，私人金融在经济发展过程中有其一席之地。它将资本转移到新兴的好冒险的企业，从而将风险传播到其他市场。金融向市场开放有助于信息传播，将资本分配到前景广阔但官僚不易察觉或理清缘由的行业，抑或对政府施压，避免其做出不利的政策决定。尽管如此，当金融市场被赋予太多权力时，社会在过度膨胀的市场面前早已脆弱不堪。

# 第四章

## 市场化与消费

过去200年间的社会变迁将我们带入了空前的物质财富时代。大约在90年前，伦敦的富人们所能享受到的消费机会颇多，约翰·梅纳德·凯恩斯(1920)对此大加颂扬，他说："只要你拥有任何超越常人的能力或性格，就有可能进入中产阶级或上流社会，这些群体不费吹灰之力就能以很低的成本享受到便利、舒适和愉悦的生活，其程度远非任何时代最富有和最强大的君主所能及。"从许多方面来说，1920年凯恩斯所认为的奇迹在今天看来实属司空见惯。厨房里进口食品琳琅满目，越洋电话随意闲聊，出国旅行即时可行，这些都在很多人的承受范围之内。过去，凯恩斯式的人物被当作仆人一样安置在银行为民服务，而如今这一职位却被自动取款机取而代之，自动取款机不仅可以即时分发美元和外币，而且毫不费力，费用成本也低廉。美国经济繁荣至此，数年战争并未对其国内消费热潮产生大的影响，美国政府甚至出台政策以刺激消费(至少持续到2008年)。

在过去1/4个世纪，全球私人资本消费增长了两倍多，从1982年的13万亿美元增长到2007年的约29万亿美元。[①]这些

① 均按照2005年美元的币值(经济学家情报社，2006)。

变化代表了人类物质生活的改观。从1990年到2006年间，在富裕国家，人均家庭消费年增长率达到了1.8%。穷人的原始消费能力正在赶超富国，但速度缓慢。[①]东亚和南亚增长速度最快，东欧次之。而其他地方消费增长相对疲软，撒哈拉以南的很多非洲国家经济则呈收缩态势。

此前消费一直局限于当地或一国内部，而现在消费则实现了全球化。消费不仅更多地融入到消费者贸易中，任何一个产品的潜在市场也可能会更广阔。同时这在历史上首次创造了一种可能性，即与国内人比起来，一定消费群体的生活方式更趋同于全球同等收入水平的其他消费群体。消费的爆炸式增长也带来了一些矛盾，正如本书在"全球资本主义"一章所讨论的那样。如今许多人生活富庶，拥有的财富是之前无法想象的，但仍有数百万人挣扎于赤贫之中。不少国家仍在为生计而忧，而有些国家却正努力与肥胖做着斗争。本章旨在研究今日消费者市场的盛况，此种盛况是如何形成的，以及其持续发展可能带来的社会影响。这些发展的影响可能超越纯粹物质消费的数量增长，进而影响一国的文化与社会。

## –消费、消费主义与市场化–

消费可定义为在一定的经济体制下使用商品和服务的行为。总体来说，全球化的发展已经意味着数百万新的消费者正在加入"购物阶层"并沿此阶梯一路向上。对产品或奢侈品有一定购买力的人，会更少地被缚于基本的生存需求。有

① "第一世界"国家人均消费约是典型东欧国家的 2 倍，中东或拉美国家的 4 倍，撒哈拉以南的非洲的 15 倍。

人称，我们的文化随着这些新生财富正悄然改变。其中一个变化与消费主义相关，消费主义即是，个体把获取物质商品作为个人生活或社会生活中寻求满足感或成就感的一种途径。有人对消费主义产生疑问，认为当今社会对物质财富存在一种非常态的甚至是有害的过度迷恋。

消费主义与资本主义在本质上有何关联呢？有些人会强调商业在现代消费社会滋长消费者欲望方面的作用(Ewen，1976)。企业在竞争、生存、发展繁荣的过程中，已经形成了一整套繁杂的技术手段，以收集信息、组织生产、分销，并管理人们的世界观和人生观。这些活动便是市场化运作的基本工具：计划并管理产品与品牌的研发、生产、配送及公共形象。市场化在现代社会具备一种重要的影响力，可以吸引诸多社会资源，对管理决策影响深远，并在文化转换方面发挥关键作用。毫无疑问，市场化——尤其是广告——如今已渗入社会的各个层面。据估计，美国普通市民每天要看多达5000份广告信息，而在30年前这一数字只有2000(Story，2007)。虽然广告的饱和度在各个地区似乎并不明显，但是在全球范围内却呈增长势头，这种渗透必然会引发人们对广告最终效果的质疑。

注意现代生活中社交地点这一概念所发生的变化。科恩(1996)曾经强调过商业空间如购物商厦日趋扩大的影响力，在美国郊区，购物商厦已然成为一个实质性的集合场地，似乎各地都在发生这样的变化(Abaza,2001;King,2004)。许多人认为，公共空间的供给正在缩减，为私人利益所挪用(Cybriwsky，1999;kohn,2004;Mitchell，2003)。试想一下，如果社会生活的基本设施均是由追求利益最大化的企业集团所修建、运作,那么,在社会交往中必然充满购物机会和潜在的购物压力。即便是由政府或非营利组织(例如大学或公园等机构)提供或资助的空间里,或者在虚拟的交往空间里(如广播媒体或网络),资金压力同样会使这些业主将空间售卖于广告商,如此才能更深入地渗透到当地的商业环境中,这些广告便在于引导消费。与此同时也可认为,商业化的空间其赢利潜力不失为投资的一种谋利动机。也因此种谋利动机,在原本空空如也的田地上,一幢幢崭新、耀眼的商厦拔地而起。

尽管市场化总体效果可圈可点,个体的市场化努力却效用有限。公众很可能会有意识地回避他们所接触到的大多数信息,对广告信息所宣称的理念也持怀疑态度,他们因此会在面对广告轰炸时举棋不定,尤其是他们对购买某种产品在无优先偏好的情况下更为如此。研究显示,信息的其他来源中,主要的是来自消费者的私人交往,更被潜在的消费者所看重(Kata and Lazarsfeld,2006[1995])。尽管极度风靡的市场化运动逸事颇多,极大地刺激了某些产品的消费,仍有数百万类似的尝试,有些设计周密、资金充足,每天向消费者推销,但多数却反响平平。

再者,市场化可以看作是生产更符合消费者预期产品的一种手段,并告知消费者他们可能需要或期待的产品。多数现代化的市场化手段都是以研究消费者的欲望开始的,并且在研究的过程中,他们还有助于形成符合公众需求的经济模式,至少可以赢利。因此,我们可以把市场化描述为一种力量,其影响力从整个社会的层面延伸到某个行业,而不是相反的方向。另外,通过广告,消费者也可了解当前的技术革新，获取实实在在的利益。药物广告可帮助消费者了解疾病的治疗方案前景。新机械工具的面世可为人们的生活提供便利或享受，颇具价值。广告便于消费者随时关注潜在的消费机会，并利用信息更合理地消费，从这一层面来说，广告可被描述为消费者授权的一种形式。

关于市场化在社会中的作用，有一种评论值得我们进一步思考——操纵论。操纵论涉及市场化做法或媒体宣传的一些系统性特征，刺激人们去做出消费决策，但是这种决策既不是出于消费者的个人偏好，也无利可图，譬如虚假广告、毫无根据的恐惧或不安全感的诱导，或者影响弱势群体的一些行为。对于一些恶名昭彰的操纵案例，人们很容易予以谴责，例如鼓励儿童抽烟，监管参与这些行为中的市场营销人员。问题在于如何把握这些案例的度，因为真正的需求和人为的需求之间界限模糊、争端易起。但是操纵论并不是严格意义上资本主义的副产品，因为在非资本主义极权国家中操纵现象已存在，在任何一个体制下，只要媒体是为某些利益群体服务的，操纵都是一个潜在的问题。

在资本主义体制下，人们对媒介被私有的商业利益团体操纵怀有质疑，由此也会担忧媒介系统由广告资金支持，究竟效果如何。一些评论家认为，媒体依赖广告商，这可能会助长媒体倾向于多传达物质获取和消费主义，而再无动力去批评（Shanahan and Morgan，1999）。

美国最近有一个市场化的案例，其潜在的后果极其严重，与我们正在谈论的全球资本主义相关度极高。在过去的10年，美国一直持续不断地撤销对金融市场的管制规定，已经促使一些金融公司大量售卖存款。最先被广为接受的信用卡是由美国运通和大来信用卡公司于20世纪50年代创办的，但当时关于消费者信用的规定以各种方式被严格控制。从20世纪80年代开始，信用卡已经无所不在，到21世纪，美国逾1.6亿人拥有至少一张信用卡，他们平均年消费约为2万亿美元（creditcard.com）。半数以上的这些信用卡持有者（或称为会员）均有借方余额，每人的平均欠债额超过5000美元。从整体上来说，美国人平均有超过1.6万美元的消费债务（不包括抵押贷款）。这些数字都是市场运作的产物，目的在于形成一种历史上绝无仅有的新型大量消费模式：消费者并不是产品的买方，而是货币的借方。银行追逐利益，饱受争议的操纵消费主义论者觊觎美国市场（或者从某种程度上来说是全球所有发达国家），在二者的综合作用下，购物狂潮诞生，堆积如山的账单因此形成。但是即便如此，任何形式的道德谴责必须考虑到大量信用消费推动了消费走向民主化，并且最终选择过度借款的是消费者本人。

## –现代消费社会的崛起–

现代消费者经济是技术革新、商业行为、政府政策和社会道德观念变革的结果，这些变革自工业革命开始一直在进行。在这些因素的综合作用下，社会从根植于农业生活方式、区域群落或自给自足的生活状态和小企业的社会形态发展到全球化、高度专业化、经济高效的复杂社会体系。生产能力和消费总欲求呈盘旋式增长，共同促进了大规模商业引擎的形成，业已成为全球社会不可分割的一部分。

行业之先

工业革命带来的社会变迁大大扩展了我们攫取和获取资源、制造并分配产品的能力。产品制造、资源攫取和运输部门开始以大型企业的形式进行整合，虽然其他部门如零售业在19世纪和20世纪早期通常是小企业云集（Strasser，1989）。工业革命以多种方式再次改造了物质生活。工业国家多数人富裕起来。在富裕国家，20世纪中叶城市工人的工资便开始上涨，因此他们的消费也快速跟进（Feinstein，1998;Haupt，2004;Martin，1999）；而在贫困国家，全球经济发展所带来的利益却只为少数精英群体所分享。财富的集中、机械化的发展以及不断增强的生产力，都有助于制造商以更低的成本将大量产品运输到更远的地方（Tedlow,1993），为市场创造了越来越多价格低廉的标准化产品。

这些变化不仅使更多的商品能为社会上更多跨行业人士所有，而且某一国家或地区的商品在超市行销，有助于在商品类别的选择上实现同质化。由于行业集中化的趋势，一些具体的产品开始出现同质化，但是由于工业革命促进了经济发展和投资，最终也扩大了产品的生产范围，并推动了商业化进程。图4.1所列为战前时代主要消费者产品中的创新产品，其中有许多在今天仍是关键的行业产品。

由于全球物流分配设备不断发展，外国商品的购买渠道更新，在可承受的范围内，消费者的选择面不断扩大。在第一轮全球化即产业革命的过程中，非工业化国家提供了许多商品，充实了富国居民的菜篮子。进口到英国的糖果、茶和咖啡的人均量在整个19世纪几乎增长了1倍（Mokyr，1988）。牛奶的进口量，主要是从日本和中国（还有意大利），从1870年到第一次世界大战，增长了2倍（Federico，1996）。从南美的人均出口在19世纪上半叶增长了3倍，增长至阿根廷出口的6倍（Bulmer-Thomas，1995）。

*煤气炉（1802）
*马口铁罐头（1810）
*自行车（1818）
*冰箱（1834）
*左轮手枪（1835）
*缝纫机（1836）
*打字机（1843）
*电话（1849）
*电灯泡（1860）
*巴氏杀菌器（1862）
*过山车（1865）
*口香糖（1870）
*牛仔裤（1873）
*留声机（1877）
*电风扇（1882）
*汽车（1885）
*洗碗机（1886）
*照相机（1888）
*拉链（1891）
*收音机（1893）
*一次性剃刀（1901）
*真空吸尘器（1901）
*电视（1923）

图4.1　摘选战前时代主要消费者产品的创新产品

以上均为此次工业革命带来的社会变革。在19世纪初期,物质生活主要是由家庭和当地社区共同维持。食品和衣服通常是自制的,手工可以制作或生产的产品范围有限,加上交通设施不发达,因此市场上可得的生活设施极为有限。工业化给社会的组织结构带来一些变化,比如城市化和经济的专业化。工业革命促进经济繁荣的一个主要方式是通过精简行业的生产活动,即一个人在单个工作日只生产一种产品或服务。家庭成员被工业或商业机构雇佣,也就意味其丧失了家庭劳动能力,因此也被剥夺了自给自足的生产能力。这种能力的丧失可通过在市场上购买产品得以补偿,家庭生活因此而融入到商业关系的大网之中。

到20世纪早期,技术进一步发展变革,其中最突出的是流水线生产的推广应用,极大增加了生产量,也创造了更多的消费需求去吸纳这些产品。像万恩这样的评论人士认为,美国不仅需要从经济上去刺激消费者的需求,从政治上也需要制约资产阶级与工人阶级生产关系的控制权以酝酿权利斗争。急剧增加的经济产量需要吸纳,同时资本主义体制也需要获取支持,这两个需求恰逢大萧条和第二次世界大战的当口。这些事件动摇了人们对市场体制的信心(Hobsbawm, 1994),工业化国家必须将战时大规模的生产转化为和平年代的生产。调整后的结果是,由于战前时期私有部门革新的推动,加上战后的政府干预,根植于"大市场"逻辑的消费者经济开始急遽发展。

交通运输设备不断改进,制造商努力将生产和分配的区域延伸到跨国市场中,扩大了生产的规模和范围,以提高产量、缩小差距，并在成本上开展竞争（Tedow，1993）。制造商参与争夺供应链的控制权，并开始通过现代市场化尚未成熟的手段从当地零售商手中争取消费者的忠诚度。有评论认为，市场化本身已有定位，作为自己的行动领域，其基本理论概念当时也已形成（Bartels，1976）。广告和销售伎俩已被长期运用（Stearns，2006），但是开始变得专业化、系统化并在程度上不断加深。公司在消费者研究上开始采用更加详细精致的模式，完善它们的规划，并尝试着培养消费者对某些品牌的忠诚度，这一变化削弱了零售商对消费者购买决策的影响力，也因此削弱了它们的经济实力（Strasser，1989）。新兴的金融市场也助此一臂之力，它们提供分期付款的形式，使消费者有能力购买大宗昂贵的商品，而此前消费者则无力购买（Calder，1999）。这些革新被证实是成功的，到了后战争时代，主要的制造商控制了消费者市场，不仅因其强大的生产能力，它们的知名度，以及众多品牌忠实的消费者均是重要的推动力量。

美国的战后时代将政府带入了刺激消费者市场的商业模式。当时的主流经济理念开始青睐政府干预市场，培育强劲的消费需求不仅被看作是战后繁荣的强力推动器，也被看作是“赢取和平”的一种手段（Cohen，2003;Viser，2001）。因此，政府有目的地努力培育更广阔的消费者市场，比如通过再次分配的手段（Piketty and Saez，2003），资助家庭消费（Cohen，2003），并增加消费者信用额度（Logemann，2008）。但并不是所有的西方政府都遵循相同的路径来发展消费者市场，例如，在20世纪50年代，德国政府就不愿增加美国式的消费者信用额度，联邦德国的决策制定者和联盟一致默许限制工资增长、抵制通货膨胀(Giersch,paque,and schmieding，1992)。在德国、英国，或许还有其他欧洲国家，战后经济复苏有助于刺激生产力的发展、工资增长和购买力增加，所有这些都演变成20世纪50年代中期消费迅速增长的事实(Kramper，2000)。尽管这些国家之间存在异同，“二战”之后，政治经济的转型也带来了政策的变更，最终中产阶级和工人阶级可以通过一定的渠道接触更多的资源，这在一定程度上刺激了大市场的形成。这一群体极大地刺激了为他们服务的生产者和零售商，消费者市场也因此得到了迅速发展。

在20世纪中叶，更多国家开始积极追求工业化进程，一方面是因为战争摧毁了此前商品出口的外国市场，使得以商品出口为主导的发展模式前景堪忧(Rock，1987:238-249)；另一方面是因为新型经济政策理念问世，影响力颇大，该理念认为资本积累和内需扩大是财富积累的重要手段。在一些国家，例如前苏联或中国，这种工业化进程都是强制完成的。中央集权的苏联体制虽然认可西方生活方式的富足，但却常无视富裕阶层的发展需求。而在中国文化大革命压制了消费者社会的发展，使中国人曾经陷于物质贫乏的生活状态(Stearns，2006)。在其他发展中国家，追求的是国民生活的自给自足，工业化只是一国政策的副产品，因此在受保护的行业和新扩展的公共部门，工人阶层便被赋予特权。不管工业化的根源及发展方式如何，工业化即意味着无尽地增加机器生产消费品，给市场提供更多商品，扩大商品的覆盖面。但是，强调贸易保护主义的政策却制约了商品在不同地区之间的共享，全球的消费者经济依然呈四分五裂状态，各国都将消费者的选择限定在本国产品之内。

战后经济欣欣向荣，让很多人不再像19世纪初那样担忧基本生活需求无法满足。在日本，西方物资很早就进入了市场，西方化的生活方式也逐渐开始产生影响，但是直到"二战"后才大刀阔斧地得以发展，"二战"之后美国的文化和消费主义的影响力迅速波及日本各地。"到20世纪50年代和60年代，日本人已把3S作为他们的主要生活目标：即风扇、洗衣机和电饭煲Sampuki，sentakuki，and suihanki。"但是3S很快就演变成了3C，源自汽车、空调和彩色电视机这三个词，而后又发展为3J，即珠宝、喷气式飞机和房子（Stearns，2006:96）。美国自"一战"之后，在非生活必需品上的花销，即非衣、食、住的花销，作为家庭预算的一部分在持续增长，从1918年的21.8%左右到1960年的36%，再到1984年的50%左右，之后就一直保持稳定（美国劳工统计局，2006）。在战后时代，汽车和住房的拥有量迅速上升，人们的饮食也更加多样化，经常外出就餐，并开始购买休假及休闲娱乐器材。与迅速上涨的工资水平相匹配，他们相应地在娱乐、服饰和个人护理用品上花费更多（美国劳工统计局，2006）。而在其他国家，可支配收入的增长也尤为明显（Kramper，2000）。在世界上的富裕国家或地区，人们的生活越来越丰裕，购物也渐渐多了起来。

国内市场的扩大意味着，不同的消费者群体规模不断扩大，并开始加入富裕社会的购物阶层。这一变化促进了战后时代消费者市场化的一个巨大进步，特德洛称之为市场分割（Tedlow，1990）。生产商越来越多地根据产品的品牌将大市场分为各个小的二级市场，并为不同的分市场提供不同的产品，产品特征、形象和价位等稍有差别。营销商尝试定位消费者在地理分布、生活方式、购物动机、道德观念和决策程序等方面存在的差异，然后根据这些差异设计不同的方式对市场策略进行微调。从许多角度上来讲，根据不同的顾客提供不同的产品甚有意义。广播媒体数量激增，不同的群体开始“侵入”国家文化的各个层面。生产能力的大幅提升意味着我们可能生产的产品，超过了消费者的需求，而市场分割和产品的换代革新也许有助于刺激新的商业模式产生，并延长行业的生命周期。这意味着，统一的国内市场将继续分化，在20世纪晚期这一进程将会加速（Weiss，1994）。

消费市场开始分割的正当时，它们也在全球走向同质化。不同的市场策略被用来吸引不同的阶层或“生活方式”，但是这些策略可能被用在不止一个国家，甚至是在全球范围内采用。一国文化独有的广告标语或标志有可能成为全球共识。市场分割本是随着一国文化、社会、政治和经济界限的存在而自然形成的过程，现已开始跨越地域界限将不同的人们联系起来，但同时也在内部分化着他们。

20世纪90年代之后的全球消费者经济

全球化和政治经济自由化将数以百万计的新的市场参与者引领至全球消费者经济中。西方生活方式给俄罗斯提供了一种可供选择的社会身份去效仿，有可能已经影响到了那些国家的经济转型（Stearns，2006）。中国曾经经历过消费者经济迅速发展的阶段，工资上涨、国际交往频繁等，都有助于促进推崇西方生活方式的消费者群体产生。在中东地区，新生财富推动了对西方式(或西方风格)产品的需求,但同时也引发了人们对长期交恶国家或地区文化入侵的质疑。贸易障碍在世界范围内不断减少,进口商品的渠道更为通畅,也开辟了新的出口市场,但是在全球各地,当地商业都面临国际竞争的压力。产品、公司和国内产业在竞争中求生存,经常采用国际通行做法去采购、生产、销售。如今,商业活动都是在全球范围的竞争中求生存。国际化的公司可以为更多的市场提供服务,有更多的供应商可供选择,享受更大的规模经济体、更强的购买力,配置更多资源去投资并将之投放到市场。随着新产品的引入,消费者的选择面不断扩大,但是由于大公司吞并小企业,或强迫小企业解散,消费者的选择实际上也不会被无限制地扩大。

另一个塑造全球消费者经济的重要力量是信息技术的进步,信息技术革新产生了新的传播及信息交流方式,销售、购物也有了新场所。随着传播媒介的迅速渗透,一国的国民不仅可以接触到不同的媒体,不再囿于国内媒体的评论,同时也更容易接触外国文化。表4.1展示的是各类媒介在全球各个地区的渗透情况。该表显示了这些技术是如何在富裕国家和地区取得突飞猛进的进展,但是在贫穷地区影响力却相对较弱。这种媒介更进一步深入了此前讨论的消费融合现象。

数十年前,受广播或电视节目的影响,消费者的选择有限,消费方式统一,国内市场可能因此而统一。但是我们现在却有更多的个性化文化组合,外国人也共享我们独特的品位和兴趣,因此如今中外消费者存在更多的共同点。这也可能

表4.1 媒介在世界各个地区的渗透情况

| | 电话(百人) | | | | 电视(户) | | | | 手机(百人) | | | | 电脑(百人) | | | | 网络(百人) | | | |
|---|---|---|---|---|---|---|---|---|---|---|---|---|---|---|---|---|---|---|---|---|
| 年份 | 1990 | 1995 | 2000 | 2005 | 1990 | 1995 | 2000 | 2005 | 1990 | 1995 | 2000 | 2005 | 1990 | 1995 | 2000 | 2005 | 1990 | 1995 | 2000 | 2005 |
| 东亚和太平洋地区 | 3 | 5 | 8 | 12 | 64 | 70 | 54 | 64 | 0 | 0 | 2 | 27 | 0 | 1 | 2 | 5 | 0 | 0 | 2 | 8 |
| 东欧 | 16 | 24 | 32 | 31 | 65 | 75 | 92 | 97 | 0 | 0 | 17 | 81 | 1 | 2 | 9 | 21 | 0 | 1 | 6 | 27 |
| 前苏联 | 9 | 12 | 12 | 15 | — | 78 | 88 | 94 | 0 | 0 | 1 | 26 | 0 | 1 | 2 | 4 | 0 | 0 | 1 | 6 |
| 拉美和加勒比海 | 7 | 12 | 17 | 16 | 73 | 67 | 76 | 82 | 0 | 0 | 8 | 46 | 1 | 2 | 5 | 8 | 0 | 0 | 4 | 16 |
| 中东和北非 | 5 | 8 | 11 | 15 | 52 | 82 | 87 | 92 | 0 | 0 | 7 | 47 | 0 | 1 | 4 | 6 | 0 | 0 | 2 | 12 |
| 经合组织国家 | 46 | 51 | 55 | 50 | 87 | 89 | 97 | 98 | 1 | 7 | 65 | 98 | 9 | 20 | 36 | 60 | 0 | 2 | 30 | 53 |
| 南亚 | 0 | 1 | 2 | 4 | 11 | 23 | 22 | 32 | 0 | 0 | 0 | 7 | 0 | 0 | 0 | 2 | 0 | 0 | 0 | 3 |
| 撒哈拉以南的非洲 | 0 | 0 | 1 | 1 | 11 | 10 | 14 | 16 | 0 | 0 | 0 | 8 | 0 | 0 | 0 | 1 | 0 | 0 | 0 | 2 |

来源:世界银行(2007)

促进了生产力的提高，而生产力提高在理论上又可降低价格。有研究显示,信息技术投资给富国带来了生产力的提高,其效果已经显现出来,但在发展中国家却未必。

购买力的变化

全球化和自由主义化对工资收入的影响喜忧参半。一般来说,身处社会财富金字塔顶层,或生活在经济迅速腾飞的国家,这些人的购买力便会增强,而富国的弱势群体或没有一技之长的工人其购买力只会原地踏步(Firebaugh,1999;Wood,2002)。这些趋势也昭示着奢侈品市场发展的基础,不管他们服务的是世界上的富裕阶层还是新兴经济国家的特权阶层，这些市场都曾是全球品牌的进攻目标（Hassan and Katsanis,1994)，也可能是西方品牌在全球大获全胜的主要原因(见下文)。对于富国的低端消费群体,工资停滞不涨预计有助于在价格和低成本结构上竞争的生产商。全球范围内的穷人通常购买力不强、收入持续走低。从某种意义上来讲,全球市场大致可以分割为三大类:最顶层是奢侈品(如路特斯或迈巴赫);其次为“第一世界”的消费品(如福特或菲亚特);最底层是初级产品(如摩托车)。但是,市场的目标并非是大多数人,除非是在最初级水平上。

谈到价格,不断增强的综合生产能力可能会使价格走低,甚至到生产增长超过人口增长的程度。从长远来看,这似乎是过去的既定事实(Firebaugh,2003:59),但是全球自由主义化是否加速了这一进程还尚无定论。从理论上讲,贸易障碍减少,全球规模经济缩水,竞争加剧,全球采购成本节约,预计会进一步推动全球价格下跌。抵消这些生产力的过快增长是全球定价的一个潜在功能(Connor,2001)。再者,消费者的购买力受到利率变化的影响,甚至可能是由利率决定。至少到21世纪初期,燃料、食品和金属等主要商品价格的上升,抵消了消费者由于全球价格下滑而相对增强的购买力。考虑到商品对于成品价格的重要性,尤其是随着在全球范围内运输商品成本的不断加大,在各地进行成本节约或许会受到影响。2008年之前,通货膨胀一直是政策担忧的问题,同时还有燃料危机的前景和穷人之间食品的不安全性加剧。

全球零售业与全球品牌

正如生产市场的行情,零售业也在全球范围内进行整合,小的零售商经常被具有成本竞争优势的大宗零售商所取代。在这方面有两个发展趋势尤其值得一提:大盒子商店和网络零售。大盒子商店,像美国的沃尔玛或法国的家乐福都是大型零售商,他们的经营理念是节约劳动力和店面成本,保证价格低廉,努力通过量大价低来赢利。网络零售商摒弃了传统的实体店,因此也节约了许多人力成本。这些新型的零售业竞争效果却不一而足。一方面,消费者不再需要支付昂贵的价格去为更加昂贵的零售行为提供资金支持。另一方面,他们也有能力扩大自己可利用的选择范围。这些变化至少由两个潜在的刺激因素引起。一是这些新型的零售模式给传统的零售业带来了压力,有可能会减少就业机会,并影响当地零售商可能提供的利益循环链。二是如果其他的零售商因价格因素被排挤出市场,大盒子商店可能掌控垄断专权。另外,实力强大的零售商,像沃尔玛超市,或许会违反市场常规对供货商施加影响。一旦这些零售商获权,他们是否会滥用自身的经济地位也不得而知。①

制造商转移到发展中国家,使得许多富国的公司将它们自身的使命理解为品牌管理而非产品制造(Klein,2000)。品牌管理专营的公司会将实体产品的制造和分销外包,转而集中产品设计、促销活动、客户关系维系以及产业链管理,最终的目标是开发顾客需求,即愿意为该品牌的产品支付额外的费用。在美国市场,一件普通的T恤衫可能售价8~10美元,但是印有耐克或者鳄鱼标志的T恤衫的价格可能会是普通T恤衫的3倍。这种愿为品牌支付金钱的意愿便是公司的主要赢利点。考虑到在全球化的世界中,发展中国家提供的制造成本价格低廉、选择益多的情况,公司可以增加它们的利润率,同时也无须为工厂及员工管理等经济负担所累。

---

① 关于这种新的零售形式,其纯效益引发了不少争议。在美国,沃尔玛所在的区县人们似乎更为贫困(Goetz and Swaninathan,2006),或许创造了更多的就业机会,但是工资水平普遍降低(Neumark,Zhang,Ciccarella,2007)。在世界许多城市中,小型商店的消失意味着相对新的城市阶级(小资产阶级)实际上也随之消失。

表4.2　2007年世界最具价值品牌

| 排行 | 品牌 | 国家 | 品牌价值 (美元 ·10亿) |
|---|---|---|---|
| 1 | 可口可乐 | 美国 | 65.3 |
| 2 | 微软 | 美国 | 58.7 |
| 3 | IBM | 美国 | 57.1 |
| 4 | 通用电气 | 美国 | 51.6 |
| 5 | 诺基亚 | 芬兰 | 33.7 |
| 6 | 丰田 | 日本 | 32.1 |
| 7 | 英特尔 | 美国 | 31 |
| 8 | 麦当劳 | 美国 | 29.4 |
| 9 | 迪士尼 | 美国 | 29.2 |
| 10 | 奔驰 | 德国 | 23.6 |
| 11 | 花旗 | 美国 | 23.4 |
| 12 | 惠普 | 美国 | 22.2 |
| 13 | 宝马 | 德国 | 21.6 |
| 14 | 万宝路 | 美国 | 21.3 |
| 15 | 美国运通 | 美国 | 20.8 |
| 16 | 吉列 | 美国 | 20.4 |
| 17 | 路易威登 | 法国 | 20.3 |
| 18 | 思科 | 美国 | 19.1 |
| 19 | 本田 | 日本 | 18 |
| 20 | 谷歌 | 美国 | 17.8 |

来源：国际品牌集团(Interbrand)和商业周刊(2007a)

表4.2中所列为根据Interbrand（全球最大的综合性品牌咨询公司)统计出的全球20大最具价值的品牌(2007a)。在全球化的推动下，许多知名公司开始寻求摆脱实体产品的竞争,而转投品牌影响力的角逐。20世纪晚期见证了很多全球品牌的崛起，若跨国公司的产品标志已在国际上获得认可，它们便利用这些品牌的文化影响力来占领市场。

这些都是在国际市场上具有强大购买力的品牌(但是花旗可能2008—2009年之后就不在这个列表上了)，发展中国家的一些国内品牌同样具有价值。例如中国的两大品牌,中国移动和中国银行,价值分别在350亿和100亿美元左右(Interbrand and Business week,2007b),跻身全球主要品牌。但是一般来说,发展中国家的品牌其持有者竞争力不强,成本较低,并不具有强有力的品牌价值。

## –现代消费者社会的困境–

人们喜欢消费,而社会也在提供更多的产品以供消费。如果说消费的旺盛程度等同于生活或社会的富足程度,那么物质上的舒适和现代社会的各项设施不断改进则并非难事。但是,消费的增长并不意味着同等的物质福利,有些评论家认为,多数消费量的增加都流于无用,甚至有害。

主流评论是,社会过于迷恋物质获取,令人悲哀。柏拉图在《理想国》中谴责公民为“将时间花在宴会或类似的纵欲上”,如果其统治阶级贪得无厌,他们将会“互相踢撞……直到因为贪得无厌而互相残害”(Plato,1908:326)。琼·瑟斯克(Campbell,1987:28)强调,亚当·斯密时代被认为理所当然的家庭消费品“在16世纪40年代被谴责为孩童式的轻浮物品,或无用的、甚至有害的纵欲”。消费主义在很长一段时间内被建构为放弃流行的斯巴达主义的行为,斯巴达主义颂扬某些非物质的价值观,而非满足人们的世俗欲求。用这种方式来诠释当代消费主义,认为其产生于无道德观念、贪恋物质的现代人中,明显会危及价值观的内含,也会冒将过去理想化之险。

虽然现代人在购物、所有权拥有以及消费等方面的规模史无前例,消费者参与生产过程,这也要求我们超越“贪婪”、“物质主义”等简单的概念,它们混淆了事件的社会学机制。

我们所消费的产品都是更广的社会实践的物质成果，社会实践指的是行为和认知上的概念，用来指导复杂的日常实践活动（Warde，2005）。我们所说的消费通常并不以产品本身具体的实用功能为导向，而是在追求其他目标的活动中将这些产品所扮演的角色作为工具或道具。这一认识的强调点在于，消费领域所发生的变化只是依附于整个社会更广范围内的变化。经济和社会转型度大，它们只是这些转型的一部分，人们对消费主义的担忧或许体现了评论家对这些转型的压力。

举例来说，起初人类的群居地规模小，彼此之间关系紧密，后来社群发展到社会，人们便需要和陌生人交往。因为在与人交往之前，通常都不闻其名，所以不得不利用其他的信息源来判断他们的身份、地位和性格。其中一个方式是通过他们所拥有的物产。索尔斯坦·维布伦(2001[1899])早前曾对此做过研究，他认为19世纪一些新兴的新贵通过过度炫耀其物质财富来彰显他们的社会地位。皮埃尔·布迪厄(1984)认为，社会阶层的归属并不能仅通过购买昂贵消费品的能力来体现，而是通过他们的消费选择来体现，消费选择体现了个人独特的才智——对产品、服务或品位的认知更多地体现了个体对精英文化更“内在”的知识，并通过其选择，与精英阶层建立更深层次的联系。所有这些表明了，消费方式的选择表明了消费者的身份。而这一行为在那些通过日常交往而熟知彼此的社群之间，或许根本就没有必要。这样一来，资本主义已经替代了建立个人地位和身份的个性化的复杂方式，取而代之以更客观的产品消费能力来表明个体的身份。有些人认为这是对人类社会关系可怕的剥离，但也有人认为这使我们可以不再囿于出身的束缚，创造一个选择多样的世界。

评价这一过程中全球资本主义所扮演的角色及获取的净利润时，有必要将其与投资、技术、和平或者善治等区分开来，这些因子并不意味着经济更加自由、物质消费更繁盛。市场没有管制则无法保证诸如技术进步或和平事业等的开展，但市场也并不是唯一的保障通道。与此同时，不能将环境退化或传统价值观销蚀等问题归结为自由放任主义这一单一的因素，政府以及当下流行的理念也有极其重要的影响。目前的问题是经济自由化和全球化能否加速或滞缓这些变化，或最终提高或降低我们生活质量的其他方面。

在创造需求维持企业运行方面，消费者社会的作用不可忽视。消费者的普通购物行为，如购买电子游戏机或流行时装等，拉动了全球的商品链，因此也带动了服务业的发展，给世界各地的生产商赢取了利益。电子游戏养活了全球各地的企业，从中国的芯片制造商到印度的软件商，到提供塑料制品重要元件的石油出口商(Johns，2006)。消费者通常会周期性地购买衣物更换衣柜，这一赢利前景可以刺激孟加拉国的纺织工厂、中国的缝纫机制造商，或者巴西的棉花出口商等地方的投资（关于全球商品链的更多说明，参见Gereffi and Korzeniewicz，1994)。没有这样的产业，可能很多国家会失去发展机遇。

除了强化发展的经济基础，我们也可关注日益增长的消费量在促进政治稳定方面的作用。此处的关联稍显微妙，因为一个地区物质富裕，并不意味着该地区政治动乱的可能性小。而如果一国经济繁荣程度低于全球正常水平，则可能会带来不稳定因素(Alesinaetal,1996),虽然对于选民响应宏观经济变量的具体原因尚有争论(Dorussen and Palmer,2002),人们期望物质财富持续增长,政治家迅速回应以获取支持;而几乎在任何一个民主国家,政治家的行动也都表明,物质水平提升对选民较有诱惑,这一点似乎已很明朗。

消费、繁荣与政府再任之间的联系是刺激消费的一个强有力的动力。满足此种需求困难重重,因为达成消费者的愿望即是要满足他们的期望。如果目标是增加消费机会,超过人们一般的期望值,或者他们已经习惯的状态,那么社会要挑战的将是一个不断移动的目标,去满足消费者永无止境的欲望。关于持续性的刺激消费的需求,至少有两方面的担忧值得关注。一是消费的持续增长可能给自然资源或环境带来潜在的压力。如果消费耗尽了不可再生资源,或对地球的生态系统带来永久性的破坏,我们的消费习惯可能会损害未来的物质福利,以及整体的生活质量,更不必论及对其他活的物种带来的潜在危害。对于消费的诸多物品,我们付出了代价,售卖这些商品也获取了一定的利益,但是这些代价和利益均忽略了消费选择对自然的长期代价。确实,我们可能正在消耗环境这张信用卡上的大额资金,但是总有一天还得结算。这些内容将会在第七章详加讨论,在评价现代消费者社会的净利润时,这一担忧正是题中之义。

另一个担忧关涉政策的运用,正如前面已讨论的,用极端的手段过度刺激消费,此政策不可持久。依靠高消费来刺激国内经济繁荣的手段在美国运用得尤甚,而其税收和利率相对较低,信用卡管制规定宽松,已经使得美国的国民储蓄接近于零，而债务却堆积如山。美国在全球经济中发挥着类似的作用，美国的进口推动了世界很多地方的工业发展，但代价是长期的贸易逆差和大量外债。因此贸易结构、金融和市场都紧密相连。但不管是个人还是国家都不能永久借债，而且过度刺激消费者的购买力可能会走向极端，引起诸如当今的全球金融危机和渐次显现的经济低迷等问题。可能还有一种情况，过度依赖高消费会形成“繁荣与萧条”的循环链，恶化不稳定的局势，并引起更多困顿。世界经济体系依赖美国式的消费发展，而任何置身其中的国家都会有这些担忧，任何一个模仿美国式的消费来推动经济发展模式的国家都不例外。

国内市场的形成会在一国内部给人们的日常生活带来某些共性，与此类似，如今的全球品牌也已成为世界的共性产品，联系日趋紧密，或者说已经成为推动全球社会同质化的一种力量（Mansvelt，2005）。国外的产品和品牌进驻新市场所带来的明显的渗透力已经被认为是一种文化入侵。眼见国外的跨国公司收购或取代国内的一些老字号品牌，势必会激起人们丢失的国民自主感，同时人们也会担心，这些富国的产品和市场也可能明目张胆地传达其文化价值观，将会“西化”被入侵的社会，而他们的出口产品也被认为是危害国家的社会毒瘤。

全球品牌不仅充盈了世界商店的货架，同时其市场营销商努力跨国传达国内的信息和促销技巧，也填堵了信息流。生产商们为了节约国际市场化的开支，努力寻求方法在全球范围内将市场提供的产品标准化。这种策略与传统的符合当地需求的市场化策略背道而驰，也削弱了国际市场化便是一种异域文化入侵的观点。但是，异域的意识在很多市场，对很多消费者来说都是可取的，在物质生活方式上，或许有可能形成一些超越国界的相似性。考虑到多数品牌都来自西方国家，有一些评论家认为商品与广告的跨国传输是一种文化转换，可能引起当地文化和传统的消亡。全球消费者经济的兴起可被理解为将物质生活同质化的一种力量，虽然这种同质化的强度不宜被过度夸大。关于文化如何应对这些变化，学者们的观点不一，有些人认为消费者的品位会实现全球一致；而有些人则认为，全球市场会根据地区、人口分布情况、消费心态学、生活方式以及消费者的态度等分割成跨国界的小市场；另有一些人则坚持，国家之间的区别仍会是区分不同消费者的一个主要依据（Hassan and Katsanis，1994）。

尽管我们仍生活在一个符号、商品和人员流动速度空前的时代，有人认为西方文化正在侵入世界各地，赫尔德和麦克格鲁还是举了一个典型案例，说明事实并非如此(1997ch.7)。首先，文化跨社区的流动并不是新近事物。在过去，宗教、民族或者帝王(例如罗马和英国)的特征和行为惯例亦被大力宣传，其倡议者们愿意并有渠道强行传播其文化，同时通过恰当的方式排斥其他信息流。当今，社会面临许多外在的文化势力，其自身的资源足以抵消它们的影响，比如政府具有文化保护倾向的政策或信息技术设备，可促进草根文化的生产和传播。即使没有这些资源，过去的文化传播活动也没有成功地消弭当地文化。事实上，它们经常需要为当地文化的继续生存提供空间，以免被彻底排斥，当地的市场营销商们在国内市场分割方面采用的也是类似的做法。

再者，人们可能有理由质疑全球化，即根植于西方的文化帝国主义是否正在取代真正的草根文化，而非其他一些人所称的文化操纵手段。在一定的政治或宗教体制下，个体身份群体从事文化活动的权利被系统性地剥夺，如少数民族、女性群体、同性恋群体、世俗论者、自由派等，对于生活在此种体制下的人们来说，旧有的主导文化的残余可以被看作是能提供社会“喘息空间”之物，在这个空间里，个人可表达其世界观、信仰，可从事活动与他人共享，或许还很少受压制。实际上，文化通过复制得以传播，西化的概念可理解为接收文化中某种程度的认可和贡献。

消费者的满意度与福利

全球消费者社会目前所面临的终极问题可能是，我们的生活质量是否因为这些变化变得更高？这需要定制一些评价生活质量的标准，这些标准涉及一系列分析困难和价值判断。由于生活质量是由所消费的产品决定的，日趋增长的消费可看作是建立“良好社会”的一部分，或是一项伟大的工程，将我们从欲望和不适的梦魇中解脱。评价不断增长的消费，不仅要看其是否能满足基本的生存需求，还需考虑到一些哲学问题，即“良好社会”的构成因素是什么？生活质量的物质与非物质方面之间有何关系？

寿命、健康或教育水平等可作为衡量生活质量的标准，但是大多数评论家认为其衡量标准极少，也很难确定消费者在社会中如基础设施建设、善治或总体繁荣等单一的效果。另外还可以关注人们对生活的满意度。但是，出于方法论研究上的困难，以及低期望值或非消费因子可能的影响，我们应该如何分析这些标准呢？除了这些基本衡量标准的确定，我们陷入了困境。在衡量“好生活”时，诸如奢侈品的拥有和生活的舒适度，对国家或宗教的忠诚，以及国家或宗教的实力，道德水平的维持，实现个人抱负的能力或发掘个人潜能，或追求真正有意义的目标等，我们应该如何把握衡量的度？我们应该怎样去定义这些事物？更不用说承认其对生活水平提高的重要性了。

研究显示，大多数富裕程度高的社会对生活更满意、生活方式更健康，但是仔细观察数据则可发现重要的问题（Pew，世界银行，2007）。消费和普遍的经济财富紧密相关。富国可利用其国内资源给人们提供更多的产品，或利用这些资源创造资金充裕的公共产品和服务。美国的私有消费相对于其他富国程度更高，但是消费者似乎并没有实现同等程度的主观满意度或更长的寿命。这说明，富国可能享受更高质量的生活，超越个别消费门槛，但是每1美元的满意度回报率却呈下降趋势。

观察发展中国家之间的不同可以发现，消费机会增加则益处颇多，但是益处究竟是消费增加所致还是总体财富增加所致，却并不明朗。极度贫困的国家似乎被严重的健康问题所困扰，对自身的命运不甚满意。中国和其他发展中国家的对比最为鲜明。尽管中国的人均消费只有普通中等收入国家的1/5，中国人的生活质量却似乎具有一定的竞争力。这可能是出于分类统计上的难度，但也说明了非消费者市场的因素可能对福利至关重要，比如治理，或一般意义上的社会进步。

同样的，据报道，墨西哥或委内瑞拉等国家的满意度较高，这表明，只满足人们的消费欲求还不足以使其安居乐业。

## –欲望的成本–

我们生活的时代，物质财富前所未有地富足。全球资本主义的跃进似乎是部分原因，但是也不乏其他推动力量。私有企业追求利益，促进了科技的大发展，同时也丰富了我们的物质生活；文学、科学和政府投资等也起到了同样的作用。现代化市场已蔚为壮观，但是市场化的影响力是出于广告的技巧，还是现代媒体技术及设施的发展呢？

私有财产和自由市场并不是满足世界对商品欲求的唯一渠道。政府同时也可以投资，并对企业创新给予资金支持，现今大多数成功的消费者市场都有政府资助的技术和公共规约。人类的本性或许本就倾向于追随欲望，无须引导，即使私有市场资金充裕。然而，单就全球资本主义来说，它已然促进了全球的消费革命，促进了私有投资的发展，推动了各行业发展自身的规模经济，并为进入国外的资源及市场打开了通道。全球资本主义同时也可能已经创造了一种生活方式，在这种生活方式的引导下，人们的需求和欲望永不满足。与其他所有社会经济的组织形式相比，没有哪个体系像资本主义那样创造了如此多的财富，但这并不意味着资本主义就会增加我们的幸福感。

# 第五章

## 治 理

经济治理意为政治活动和政府施加在经济生活中公开的或非官方的规约，以及国家利用其权力和资源管理经济生活的方式。虽然政府可尝试操控经济生活的各个层面，但是对于它们是否应该如此却存有诸多不同的意见。质疑政府干预和自由市场之间的贸易均衡，在当代政策辩论中极为常见。虽然有些研究者谴责这样的辩论过于简单化，并不合时宜（如Block，1994），但是公众对贸易均衡的理解确实影响政府决策。在政治领域、学术界以及大众群体对市场和私有企业广为反感之时，政府被推举出来，正是因为其施政纲领阐明将利用国家权力去制约私有资本谋取利益，并勘正他们的失误。当政府因腐败或无能被指责为经济问题的根源时，反政府的政治权力便可登台。将经济问题归结为国家和市场之间的不平衡，这种观点虽然被社会学家质疑为不合理，或无用，但这些论调的影响力却不容忽视。

### –国家与市场–

我们经常认为市场和政府在理论上是不同的概念，甚至是社会的两个对立面，但是这种观点在人类文明史上却相对较新。在人类历史的绝大多数时期，政治和经济都是相融的(Finley,1999)。贸易只是根植于农奴制、农民和奴隶制农业之上全球体系的一个附属活动。资源在各个国家之间流动，更多的是由于军事侵略，而非自由交换。劳动力很少是自由的，土地亦不可售卖。大约两个世纪以前，市场在很大程度上是组织经济活动的一种方式。自由市场体制不是人类经济组织的内在特质，而是人类新的所为。市场的权利是人们集体选择的结果，而非自然的力量使然。从许多方面来说，这种选择是国家通过它们所创造的制度而做出的(比如货币、物权、合同法等)。因为资本主义体制依赖于国家创制的这些制度才得以存在，我们或许可以质疑，市场独立于政府和社会之外是否合理。

在某些程度上，将国家和市场在概念上理解为独立的、对立的力量，部分原因是这些论断主要是在政治论谈中得出的，而不是出自学者之间的讨论。派系之间的论辩者最初抛出如山的言论，支持剥夺公众或私有部门的权利，认为其追求的是自身的利益，并且无能，会致使国民福利受损。例如，20世纪中叶的政府干预主义常被认为是政客们接受贿赂、稳固权力，或者自我陶醉的手段，妄自认为他们有能力自如地掌控国民经济这一复杂、庞大的体系。同样的，对立的立场却坚持取消管理会导致资本家渎职，并将全球化看作是剥削的入场券。

这些持此言论的人几乎一直在否认这样一个事实：基本上在任何位置上的任何人，不管是公共部门还是私有部门，都会过度利用他们的影响力为个人谋利。即使是影响力平平的社会体制，最终也会赋予一些人这样的权力（Michael，1999，1915）。腐败在任何时候都是一个威胁。同样的，将公共或私有部门的无能以及对渎职看得过于简单化，将会忽略这一事实：在过去的一个世纪，公有和私有部门的市场参与者都过度开发了经济，但同时也都见证了大繁荣的时刻。

卡尔·波兰尼（1944）曾有一个著名的论断，他认为市场体系是“嵌入”社会之中的。这种“嵌入”的概念暗含了在确定市场体系如何组织方面具备的优先权。认为市场是植入在社会中的，同时也表明了非市场的因素将会影响市场的组织形式，并确定了市场对社会影响力的限度。波兰尼的《大转型》表明了这一点。他在书中表现了对市场之外的担忧影响了市场体系的体制化进程，最终导致20世纪初期市场的大崩溃。但也有观点认为市场是自治化的组织机构，其内部的运行机制决定了社会其他层面的变化，关于“嵌入”的这一独特理念可以与此种观点进行对比。

“社会”这一概念作为一个剩余范畴，几乎涵盖了任何社会运动，可以将之具体化，支撑或破坏社会制度。这样的运动原因各异：阶级、职业地位、国家、种族、民族、宗教信仰、性别或者其他一些体现共有的社会、政治或经济利益的身份。在某些特定的时间，捍卫自由经济原则的一些地位群体想方设法将这一原则施加在其他人身上。例如，在18世纪晚期，资产阶级曾协助将经济从土地贵族手中解放出来，因此，对于后来发生的政治运动——赋予劳动者权利在雇佣合同到期之前可以自行离开——他们极力反对（Hobsbawm，1969，1975）。同样的，罗马教堂在19世纪一直是反对自由改革的保守势力，在20世纪末期将东欧从共产主义解放出来的运动中发挥了关键作用。资本主义一直充斥着关于进一步扩张或退缩的社会冲突，主要议题和这些论辩的参与者一直在变化。而国家在此过程中一直扮演着重要的角色，作为这些冲突的竞技场，最终将冲突的解决方案付诸实施。当联盟成功地获取了国家权力的杠杆，并利用这些杠杆来重新定义生产、消费和所有权的时候，一国的经济活动也因此形成了。这些冲突的特征因国家而异，也有助于解释为什么资本主义在不同时期的表现形式和特征相对不同。

当然，这些影响力也在两个方面发挥着作用。我们知道，市场的繁荣或危机会影响到国家和社会。当经济增长势头强劲、通货膨胀可以有效控制时，民主制的政府便倾向于重新选举（Chappel and Viega，2000;Lewis-Beck,Nadeau,and Belanger，2004;Lewis-Beck and Stegmaier，2000）。经济危机通常带来社会秩序和政治体制的不稳定。在市场中，某些利益群体的财富可以赋予他们资源和权力去影响政府决策，而另外一些群体则发现，财富的缺失使他们在政治上变得越发无能。市场确实会产生一些社会影响力，不管其以何种形式出现，例如20世纪中期苏联共产主义体制强硬的镇压体制下的黑市，或者现在的毒品、性交易或武器交易的市场。一些评论家甚至认为，私有企业在现代国家的机构化过程中扮演了一定的角色（Tilly，1990;Weber，1978），他们指的是，市场有助于建立现代社会，正如现代社会有助于市场的建立一样。这些机构不仅互相影响，同时也共享互建的历史。

最后，治理之所以重要，是因为国家是全球经济中最有影响力的因素。不仅是因为它们一般比其他因素掌控更多的货币、人力或财产，也是因为国家创造了基本的制度，并保证这些制度的运行，市场正是依赖这些制度按其预定目标运行。即使是并非国家直接调控的资源，也受到政府所制定的法律的影响；即便国家无法提供可替代的货币，或者无法保证私有财产、实施契约、规章管理，它们的影响力仍然可通过其拥有的强权体现出来，这有助于保证基本的规则和市场秩序，这正是资本主义运行的基础。当国家无法保证基本的秩序，或滥用其权力的时候，除了物物交换或偷盗活动，在任何基础上建立的经济活动，都可能不复存在。不管国家是强大、仁慈、孱弱，还是滥用权力，它们都会对资本主义如何运转施加深远的影响。

### –世界治理–

在本章中我们将主要讲述国家内部而非全球范围的治理。这需要做些解释，同时我们也得以认识资本主义治理的关键领域。简单来说，就是没有所谓的全球治理。资本主义的治理为所有法律的地域限制所制约，资本主义可能在全球范围内运作，却只能实现国内管制，但是下文将会介绍一些例外情况。

尽管在公司治理的许多方面存在一致意见，甚至在会计核算和诸如此类的规则上也有更多的技术协定，却没有持续统一的规则约束全球范围的贸易交易。最终，绝大多数争论必须在国内法庭内部解决。这意味着，任何一个国家疏于实施其本国规则（或符合其他国家的规定），可能会很容易动摇全球体制。举例来说，利比亚与一国签署船只运输，若利比亚

些国家面临的压力，以及为获取资金支持而打破全球资本限制的必要性，则无须将理性同构和强制同构截然区分开来。政府的理性在于它们接受为获取需要的资金支持所采取的措施，但是考虑到没有别的选择，至少还有强制的或独裁的手段可以利用。

模仿同形是国际治理机构可能影响政策制定的第三种可能的方式，虽然在此它们的角色可能被描述为仅仅是推动政策变动的外部推手。这种形势的同构发生在如下背景中：政府无法定义或就如何参与并解决一个急迫的政策问题无法达成一致意见。尽管在经济研究上投入甚多，知识储备也极为丰富，但是经济形势过于复杂，我们的能力有限，无法看透这些问题并将之正确化解。通常情况下问题会变得具体化，在现有的政策模式下无法轻易解决。因此，组织（包括国家）尝试着模仿类似组织的做法，它们似乎解决问题顺畅，或者在共同的困难面前所知更多。

在此背景下可以看出20世纪90年代初期，自由贸易的广泛影响力。有些人认为自由贸易只是资本主义意识形态或美国政策管理强加之上，为世界银行和国际货币基金组织之类的机构强行推进，这些人便经常忽视政策变动产生的背景。发展中国家的经济干预主义是建立在以下理念基础上的：由于政府干预的介入，在经历一段时期的孕育之后，它们能够发展具有全球竞争力的企业。然而到20世纪80年代，经济的岛国性质并没有带来具有全球竞争性的企业，不仅如此，甚至还创造出了一种政策环境，导致政府破产、大规模金融瘫痪。只有东亚新兴的外向型经济国家抵制了这种趋势，因此也可以作为现实中的案例，用以说明较贫穷国家的经济发展可选用的其他政策模式。

我们必须要质疑，如果这种失败的进口替代型经济没有那么急功近利，并且先前有这种不需出口而政策成功实施的案例，那么它们是否已按照这个方向进行改革了？20世纪90年代，切实的全球政策变更为数不少，而贸易自由化，尤其是出口自由化便位列其中（Cohen and Centeno，2006），虽然有声音一致支持自由化采取其他形式继续。这再次强化了这样的概念，很多政策的变更归因于诸如国际货币基金组织或世界银行等机构的力量或操纵，可能源于发展中国家的政府急于模仿中国台湾或者韩国。在这样的背景下，人们可能会质疑国际货币基金组织或世界银行是否在制定政策指南，意图动摇政府，或者它们是否仅在谈论真实世界中的政策成功实施的案例，其他政府可能也倾向于模仿。

这并非说明国际货币基金组织、世界银行或任何其他地方的经济学家所提的建议并不对政府的政策制定独立施加影响。同构的第四种形式是规范性同形，这是一种政策融合，经社会权威机构批准，这些权威机构掌握真实的历史资料。在经济政策领域，这样的权威人物几乎无一例外都是专业的经济学家[①]，许多国际治理组织都是以经济研究所的形式运转，比如国际货币基金组织和世界银行储备的经济学家专业声望卓

---

① 在解释一国的政治经济学时，社会学家、人类学家以及心理学家不太可能发挥强大的影响力。巴西的费尔南多·恩里克·卡多佐表现非凡，纯属例外，他或许可说明此条规律：他最为人所称道的是在推销极其传统的发展模式时巧妙地利用其政治魅力和手腕。

态度更为坚决，包括发展中国家的一些精英阶层和大众选民(Armijo and Faucher,2002;Bruton,1998;Snowdon,Vane,and Stanislaw,1998)。富裕的政府随自由主义化改革而定的资金支持，将这些改革进一步推进，但并不是完全强制，比较著名的是1989年的布雷迪计划（又称减轻发展中国家债务计划)(Edwards,1995)，或国际货币基金组织在贷款方面的制约条件(Dreher,2008)。

在20世纪80年代和90年代，世界经济经历了几次明显的转型，削弱了政府对经济的控制力，同时也将私有企业从战后很多规定性和政策性的做法中解放出来，这些规定曾限制了私企的发展。在过去1/4个世纪，国家接受了自由化的多种形式，但并不是所有形式。从1985年到2005年间，社会似乎在大幅度缩减政府的规模，也参与了一系列旨在扩大市场影响力的市场改革(Bruton,1998)。在不同的地区，改革的时间不尽相同。关于这些发展的概况可参见数据，这些数据意在建立宏大的自由主义索引，比如经济自由网络的《世界经济自由度报告》(Economic Freedom of the World Gwartney and Lawson,2007)，如图5.1和图5.2所示。这些数据记录了一个国家政府在以下方面的努力：一、维持小政府和权力受限的政府运转；二、征收低赋税；三、提供安全的物权和法治；四、控制一个稳定的货币体系；五、避免对贸易制定规则或征收赋税；六、避免对信用、劳动力和商业市场实行监管。[①]虽然这些索引都是粗略估计，但也是合理的情况说明，显示了过去20年的巨大变化。

① 关于这些索引具体的信息参见Gwartney and Lawson(2007)。

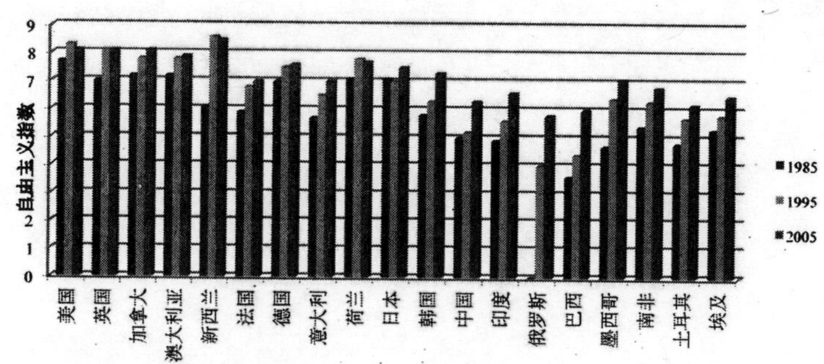


来源:格沃特尼 & 劳森(2007)

**图 5.1 自由主义的国家**

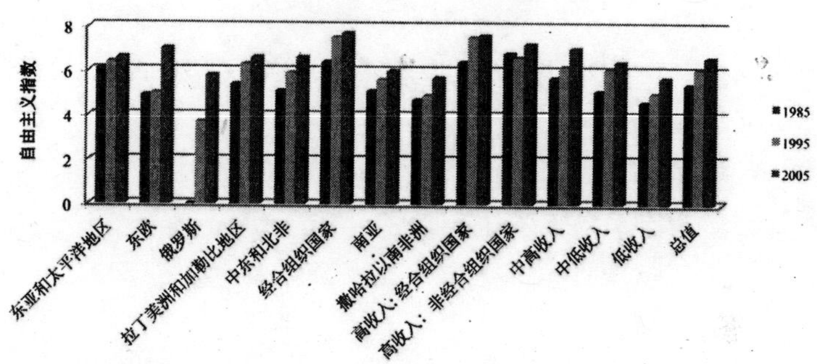


来源:格沃特尼 & 劳森(2007)

**图 5.2 自由主义地区**

美国通常被认为是全球经济自由化的一个壁垒,因其强大的政治、经济和知识产权方面的影响力,以及美国历史上受到自由意志支持的经济发展的重要性。美国将自身定位为冷战时期资本主义的领导者,并在其20世纪中叶的同盟国中间作为一股势力决定实行干预主义。苏联的解体似乎印证了以市场为基础的组织的正确性,这些组织,连同在里根经济政策的指导下美国经济的复苏,使得以美国为首的自由化举

上仍在放权。此种消长势力的具体原因尚不清楚，但我们可以做如下推测。

对自由主义热情渐退，最重要的原因或许是无管制的资本主义直接收益渐少，甚至在2008年前已经如此。临近冷战结束时发生的许多改革都是在对市场有能力促进繁荣的这种高度热情中展开的。这种热情部分原因是基于当时流行的经济观点，在市场自由化与经济问题的解决方案之间建立了极其牢固的关系，这些经济问题在20世纪80年代的债务危机和华沙条约解体中使当事国家饱受折磨。

从某种意义上来讲，自由化所经历的一些成功也使得国家自由化的需求不再那么强烈。例如，在消除20世纪80年代困扰许多发展中国家的恶性通货膨胀方面，自由主义功不可没（Cohen and Centeno，2006）。直到20世纪80年代末，发展中国家急迫需要资金支持以消除通货膨胀。有迹象显示，通货膨胀引起的担忧提醒了一些发展中国家的政治家，可以采取自由市场改革（Armijo and Faucher，2002）。但是若没有强有力的动力去满足对金融救助的制约性要求，将自由化进一步推往一向保守的制度，便会更加困难。

在21世纪初期，政府干预似乎再次受到了贸易和商业领域的青睐，这也许可以从政治方面找到部分原因。解除管制的两种形式可从以下两个原因加以体现。其一，极端贫穷的国家经常依赖贸易关税作为国家财政收入的来源，这也解释了为什么世界上最贫穷的国家如此抵制自由贸易；其二，贸易和商业规定必定会影响实力强硬的政治选区，而这些选区更有资质去反抗某些规则的改变。权力政治或许也可解释全球范围内的政府规模缩减或对劳动力监管解除方面的变化。例如，当联盟（包括公共领域）强大并得到公共支持的时候，废除20世纪中期的劳工和联盟保护法或许会面临难度。

2009年有种历史重演的意味。2008年的金融危机和随之而起的经济紧缩标志着持续了约10年的对自由放任经济治理的信任缺失达到了顶峰。自由贸易和资金流动不畅、私有化、取消管制等，这些有关市场在组织经济中拥有的极权问题，人们又重新开始担忧。政府似乎准备重新控制经济命脉。回归政府干预主义的可能性很大，相关争论涵盖有关公共银行保险和银行国有化、控制全球金融市场、关闭国外金融和移民的界限、改革公共教育和社会服务，或对破产的商业实施紧急援助等方面。从今天的制高点来看，这些新的治理模式似乎抓住了两个关键点：一是再次引入政府干预主义的有利条件；二是提高政府官员合理运用权力和服务公共利益水平的重要性。

## –什么是“正确的政策”–

可否将干预主义或自由主义之间的不同加以显示，以对社会产生放之四海而皆准的效果呢？在某一具体的事件上，某一政策干预的成功者和失败者可以相对容易确定，而在发展综合措施上可能难度大得多。根据以往的经验，很难放弃政府干预，或决定避免干预在创造具体的政治或经济成果方面（如经济增长、不平等、民主或生活水平的提高）发挥的作用。而且，正如前所述，很多人对这种二元对比的有效性产生质疑。每个“包罗万象”的理论都有15分钟的知名度（Wacziarg，2002：907），然后渐渐淡出人们的视野。

程度。这些以领域分类统计的自由化索引是直接采用格沃特尼和劳森(2007)的方法,他们列出了用来区分这些数字的具体单位。在任何一个领域,那些在限制政府权力、取消管制、保护私有财产、由市场决定经济成果等方面表现突出的国家自由化程度更高。

数据表明,政府规模最大、影响力最大的国家(至少是在"政府规模"的意义上)其国家富裕程度也最高,居民的寿命最长,文化程度也最高,并且在前两个目标上过去10年所收获的成果最大。政府规模大、劳动力市场受到管制是富裕民主国家的共同特征。①在此有一案例,国家起初实行干预主义似乎有所收益,但是从这个对比中并不清楚是否是干预主义本身带来某些形式的发展,抑或是我们看到了富裕或民主的效果。当然,我们可以在计量模式中控制这些因素,但是这样做将会给财富或民主本身的效应带来新的问题,或在这些类型的社会中易出现的问题,例如高附加值产业、生产力、多样化、教育、控制腐败、基础设施等,可按此路径一直延伸。当我们考虑贸易、资本市场或者商业的自由化之间的关系时,相同的不确定因素同样存在,所有这些似乎是富裕国家的游戏。

但是相对自由主义的转型如何?根据数据显示,自由化被强力推进,但是这种推进的力度因国家的富裕、民主和发展程度的不同而各异,而对于这种因果关系能否具有指导性仍存在质疑。2005年政策成果表现良好的国家在1995年收获

① 一般认为,一国经济实力雄厚,则政府规模偏大(称为"瓦格纳定律")(Pwacock and Scott,2000)。同样,民主国家将会在重新分配和保护劳动者方面面临更多压力。

亦高,但是干预主义和自由主义转型以前的发展效益是否超越了转型之后的却不得而知。分解这些关系需要更复杂的分析,而这不属于本章范围之内,但我们可以表达一些观点。富裕程度更高、更为发达的国家倾向于避免政府规模的缩减,并借此获取最大的经济效益,而它们的居民寿命和文化程度倒成反比,且无发展空间。寿命并不因国家在这个领域或其他任何领域的自由化程度不同而表现各异。贫穷国家似乎也接受劳动力的自由化改革,从而避免改革的富裕国家增长速度极快(根据国家内部两两测试的不同得来)。

富国欢迎贸易自由化,然而抵制贸易自由化的国家却发展得更快,虽然发展涨幅不大。但是避免资本市场自由化的国家经济发展更快、民主化进程也更快这一论断却是从抽样中推断得出的。在劳动力市场,富国抵制自由化,其经济增长幅度极小,可以忽略不计。而商业自由化似乎并不影响这些政策的成果。

20世纪70、80年代和2008年的经济危机表明,不管是政府干预主义还是更自由的制度,都在灾难性的致命缺点前不堪一击,正如20世纪50年代、60年代和90年代取得的巨大进步所显示的那样,无论哪种组织结构均可获益。如果20世纪的经济史能提供一些明确的经验,那便是:政府和市场力量都是强有力的组织机制。试图全部压制它们是不现实的,甚至试图以任何它们可能会表现出来的形式将它们挤压出市场,都是愚笨的表现。目前的工作是用其所能谋利,但同时也对其加以遏制,以免有人滥用这些机制的权力,牺牲整个社会利益为个人谋福利。

丹麦、芬兰、新西兰和挪威的民众声音与政府责任的比分表明它们是富国中最有责任的政府，而日本、意大利、西班牙和美国等国家的比分却相称与智力或匈牙利等收入水平低一级的国家相当。总体来说，发展中国家实质上其责任性和民主程度都稍低，而中东或北非以及苏联国家都是世界上最为极权的地区。考虑到东亚国家民主程度普遍低，繁荣程度也低，可以看出极权主义和贫穷似乎是对应的，虽然这种因果关系不甚明朗。民主和发展之间的关系，独立于腐败或无法可依现象的影响之外，是个长久的悬而未决的问题(Przeworski and Limongi，1993)。

政治稳定、暴力无存的状态。政治体系不会在超越宪法之外的叛乱或政权的颠覆面前不堪一击，或者无力维持社会秩序。富裕的经济合作和发展组织国家是最稳定的，而南非、撒哈拉以南的非洲以及中东和北非都是最不稳定的。政局稳定至少可以在以下两个方面使一国经济受益：一方面政治稳定可以创造有利于长期规划发展的环境；另一方面有利于建立一个体制，降低政治权力的转移风险系数，避免政治体制不惜任何代价求稳。

出于多种原因，政治动荡的国家其长期的规划和投资也会受损。因此，投资者一般不愿意在不稳定的国家投资，除非这些投资可迅速而方便地收回，长期的投资对贫弱国家的发展至关重要。在更极端的情况下，如果政局极度动荡，则可能使国家无路可选而只有摧毁其部分经济。埃斯莫格卢(2005)将之称为“赢者全拿”的体制，在此政治制度下，领导者拥有至高无上的权力去谋取利益，并惩戒其竞争对手。在这样的制度下，竞争激烈以至于执政者想要去摧毁其竞争对手的经济基础。

最后，政府不稳固通常也无力维护整体秩序，使得犯罪和暴力成为社会问题。即使犯罪不会带来人力和物质资源的损失，也会使资源从生产转向诸如对个人安全的融资或用来支付敲诈勒索。所有这些开支都是资源损耗，用于增强一国经济实力。

法治和腐败控制是两个相似的概念，它们之间的相关度极高。法治强有力意味着客观规律优于强权之人定制的法规。如果法律没有编入法典，法的实施没有高度程序化，那么经济生活便会经历一种不稳定性，受位高权重之人的兴致等所影响。这不仅使得长期的投资不再有吸引力，同时也为腐败打开了一扇门，政府官员利用其自身的地位谋取个人利益。腐败可能导致严重的资源流失，比如通过直接侵吞财产，或政策制定偏袒政客的幕僚，即使是要牺牲公共福利。除了希腊和意大利，富国对法治和腐败的控制最为强硬，这两个国家法治与腐败控制的比分关系等同于那些治理较好的发展中国家。

最后，政府的效力指的是“当局的能力以及所提供公共服务的质量”（Kaufmann，2007）。这种能力在经济合作和发展组织国家、东欧和东亚国家中最为突出。显然，任何国家都希望政府有“效力”，但是用这种方式来将好的政府概念化，并不是改革的一剂良方，一国必须努力达到自己的目标。埃文斯和劳施对此问题的解决之道颇有可行性，他们评价国家的标准是，政府能在多大程度上类似于韦伯理想化的官僚典

# 第六章
# 不平等

从资本主义产生之初，公平问题就一直是争论的焦点。资本主义更青睐于富人、幸运儿、权贵人士和无良商人吗？针对过去20年的全球化进程和未来经济体系发展方向的争论，归根结底都落到了不平等这个老生常谈的问题上：全球一体化造成的不平等在多大程度上是可被接受的？

简单地说，不平等意味着资源、财富或机会分配的不均衡。尽管这个词的含义比较直白，但关于它的必要性的争辩却相当复杂。世界不平等是否在加剧，不平等能否避免，我们是否愿意消除这种不平等？评论家们对这些问题均持有不同看法（Held and Kaya，2007）。一方面，经典自由主义的观点认为减少全球一体化的政治障碍或以权谋私的政治交易能够增进不同政治背景人群间的机会公平。根据这一观点，自由化全球市场的建立能从总体上提高个人得到应有回报的可能性。另一方面，全球化的反对者声称自由化全球市场下机会平等是个骗人的谎言，因为这些改变只对富人有利，并且经济与社会结合的过程恰恰会带来更严重的分配不均。

这两种观点能够同时成立吗？全球资本主义的扩张能同时加剧和抑制经济不平等吗？正是因为不平等是个相对概

念,因此对这两个问题的回答是肯定的。比方说,更自由的贸易流动能缩小国家间不平等(让穷国的工人有机会参与竞争),但又扩大了国家内部的不公平(富国的就业机会减少,穷国一部分人先富了起来)。为了更好地阐释这些问题,就必须先弄清楚关于不平等的几个关键点。

首先,完全平等是个绝对概念,它并不存在,也许同样很难实现。因此,该问题需要以相对口吻进行阐述。问题的关键不在于我们是否或应该平等,而是相对于其他体系,我们的经济不平等程度如何,我们对盛行趋势持什么态度,以及我们应该为建立更平等的社会做出多少努力(如果需要努力的话)。该问题值得思考,因为我们不可能用绝对平等的概念指导思维,而必须将其放在具有普遍规则和期许等众多条件相融合的环境下进行考虑。

除此之外,平等在很大程度上是观念问题,经常与公平相提并论(甚至混为一谈)(Firebaugh,2003)。所处地位或拥有资源的差距多大才会有明显区别?哪些差别是合情合理的?又有什么性质的不平等是可以接受的?平等与否只是旁观者的个人看法,并不能否认其重要性。例如,近期事件表明我们的幸福感与周围人的对比息息相关。倘若自身财富增长的同时别人也越来越富有,那么这种致富就不会带来快感。类似的,早前对叛乱和群众运动的研究发现了“相对剥夺”这一概念:重要的不是你的境遇本身有多糟糕,而在于跟别人相比你的自我感觉如何。

更重要的是,我们要将不平等与贫穷区别开来。后者是可以用基本资料(但是“基本资料”的定义本身在技术和社会

两极分化不断加剧，南北差距逐步加大（Firebaugh，2000；Korzeniewicz and Moran，1996）。除此之外，还有一个技术问题，即收入以美元计算还是需加入各国购买力的因素（PPP）。后一种计算方式往往会提高发展中国家的收入数据，从而显示出全球不平等程度有所降低。依据本文目的，未算入其他因素的美元数据能更清晰地说明全球经济差距。

## –财富三角–

我们的研究从最简单的分析着手，即相关国家的经济表现（Held and Kaya，2007）。请注意，分析的主体是收入而非财富。总体而言，考虑到几个国家的资本、工厂、研究机构和交流中心的分布①，财富差距将更大。由于搜集财富数据的种种困难，我们的分析对象是每人每年的收入，以此进行分配比较，进而再分析这些国家福利措施的差距。在此基础上，我们将进一步探讨全球化对这些结果的影响。

残酷地说，世界很不平等②。全球基尼指数③（最惯用的不平等衡量工具）超过60，许多学者称其已接近70。这一数据比

---

① 有研究指出世界财富总量中，北美占34%，欧洲占30%，亚太地区占24%，世界其余地区占12%。2/3的富人居住在财富排名前5位的国家，即美国、日本、德国、意大利和英国（Daviesetal，2006）。

② 参考得克萨斯大学詹姆斯·加尔布雷士主持的不平等课题：www.utip.gov.utexas.edu/data.html，或联合国开发计划书的人类发展报告：http://hdr.undp.org/en/reports/glibal/hdr2006/，以及www.gapminder.org网站。

③ 基尼系数以劳伦茨曲线为基础，是收入或财富分配的数据统计手段。基尼系数的数值在0和1之间。“0”代表完全平等，人人收入相同；“1”代表绝对不平等，所有收入归一人所有。一般情况下，基尼系数以基尼指数（基尼系数乘以100）的形式出现，取值范围从1到100。

世界上最不平等的国家还要高(Milanovic,2006)。换句话说,世界上1/6的人口享有全球3/4的收入。

我们可以将世界分为富国、穷国和介于二者之间的国家。与前面章节一样,我们将重点分析这些国家的地域分布。这并非否认世界阶级划分,只是为了说明地理对一国的经济命运依然重要,这一点在下面的材料中可以体现。当然,国家收入数据具有较大的隐蔽性。人均数据只不过是综合估算,并未将社会内部分配纳入考量范围。因此,收入不该以国家为单位进行衡量,而应通过个人和家庭才能说明问题。尽管如此,达到和远低于设定工资水平的国家间仍旧存在着明显差距。

最富裕的25个国家和地区,其人均国民收入在2005年已超过两万美元。这一集团的成员几乎是清一色的西北欧国家及其北美和大洋洲的白人殖民地。在这25个世界最富裕的国家和地区(合约8.8亿人口)中,日本、中国香港、新加坡、卡塔尔和科威特是几个例外。虽然有所差别,但这些国家和地区都创造了惊人的物质财富。即使在它们中排名垫底的国家和地区,人们也不愁吃穿,中产阶级过着令人羡慕的富足生活。

排名在26—50位的国家(全球中上水平)拥有约3亿人口,人均GDP位于7000美元与2万美元之间。该集团中不少国家的基本物质水平相当,但中下阶层的人们却面临着较大的经济压力。由于工资水平相对较低,不平等程度加深,这些国家草根阶层的生活状况更像穷国的国民,而不是本国同胞。这一集团包括若干前社会主义国家、部分拉美国家和少数人

来,大多数非洲人都很贫穷(67%的人属于世界最贫穷的1/5的人口),经济合作和发展组织国家的绝大部分人口都很富有(94%的人位于最富裕的1/5人口之列)。总而言之,一个人的基本人生际遇在很大程度上取决于他的出生地。尽管一些贫穷国家有所发展,但国家间的差距依然构成了全球70%的不平等。

然而,虽然国家间差距是主要因素,仍然有诸多不平等是国家或地区内部造成的(Milanovic,2006)。换个说法,穷国的有钱人比富国的穷人有着更好的物质条件。因此,相对贫穷的国家和地区(至少在2008年前)也有亿万富翁:根据《福布斯》杂志在2007年公布的数据,墨西哥的亿万富翁人数是10人,巴西18人,印度53人,中国香港和内地67人,俄罗斯87人。美国的亿万富翁人数最多,达到469人。从上述国家列表中可以看出,不平等体现的不仅是国家间的差距,也是国内财富分配不均的表现。

国内不平等的全球分布情况在很大程度上与收入分配情况相似,但依然遵循库兹涅茨倒U字形曲线假说。[①]图6.2中的曲线代表广泛认可的发展状况(联合国开发计划署发布的人类发展指数)[②]与基尼指数间的关系。经济合作和发展组织的富裕国家(美国等国家除外)的国内发展最为平等。这些国家中,最富裕的1/5人口的收入是最底层1/5的3—6倍。下一组中等收入国家的基尼指数相对较高。拉美国家和包括中国在

① 西蒙·库兹涅茨(2005)指出,随着国家收入的增加,不平等呈现出先升后降的趋势。

② 人类发展指数(HDI)是对财富、教育、健康等方面的衡量指标。

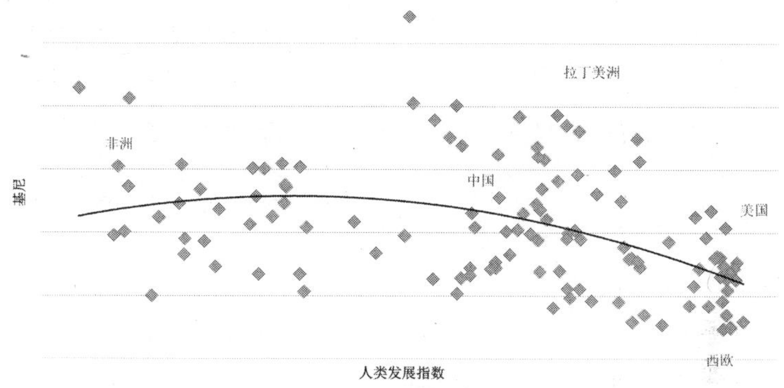


**图 6.2　发展与不平等**

内的新兴经济体是这一分组的典型代表。这些国家的基尼指数接近甚至超过50，富人与穷人的人数比例约为1比2。再往下的这些国家中，发展水平和不平等程度都变得愈加难以衡量，但后者依然有所上升。处于最底端的这些国家，绝对贫穷与不平等如影随形。

另一分析单位提供了更清晰的看问题的视角。它揭示了地域和个人因素的合力是如何决定一个人在全球金字塔中的位置的。世界每个角落都存在着国家内部的地区差异。在最贫穷的国家，反差体现在首都的上流社区和其他地方之间。这些孤立的富人区往往被高墙包围，有私人保镖守护。在很多情况下，它们几乎与可怕的贫民窟隔墙相对。高墙两侧儿童的不同命运是不平等所引发的紧张局势和社会挑战的最佳代言。

随着国家经济发展水平的提高，存在差异的地区范围也逐渐扩大（Kanbur and Venables，2007）。在墨西哥，南北方有着截然不同的经济发展状况。巴西南部比东北部富裕很多。也许地区差异最为显著的要数中国了。东部沿海地区有着“世界一流”的生活水平，而一些中西部农村则穷不见天日。富裕国家也存在地区差异：意大利南北方之间，大伦敦区与密德兰地区间，以及美国的西北太平洋沿岸和五大湖地区间。

## –不平等与全球化–

全球化在当代经济和社会发展差距的扩大和缩小过程中扮演何种角色？学界对全球化与不平等间的关联有着激烈的争论。[①]近期针对这一话题的海量研究资料的调查显示，全球不平等的发展趋势（如果存在的话）无法进行准确判断（Anand and Segal，2008）。然而，即使我们无法明确回答，但却能提供地区内部和区域间发展趋势的一些显性特征。

国家间的排名次序有较大变动。如果我们分别拿1950年和2005年的美国与相应时代的其他国家和地区进行对比，我们会发现，虽然美国依然保持霸主地位，但部分国家和地区自1950年起正逐步缩小与美国的差距。[②]其中一些在1950年至1973年间发展神速，例如西欧、日本和中国台湾。大部分国家（除了韩国）在1974年至1990年的长时期调整中失去了赶超美国的机会。在1993年到2008年的15年中，印度、中国和其他一些东南亚国家保持了与美国相当的经济增速。某些地域—历史模式仍然适用。尽管社会主义阵营在“二战”后不久

---

① 国际货币基金组织2007年的《世界经济展望》（第四章）和Firebaugh2000对这一争论进行了绝佳阐释。

② 从世界大企业联合会公布的数据中得出：www.ggdc.net/databases/ted.htm。

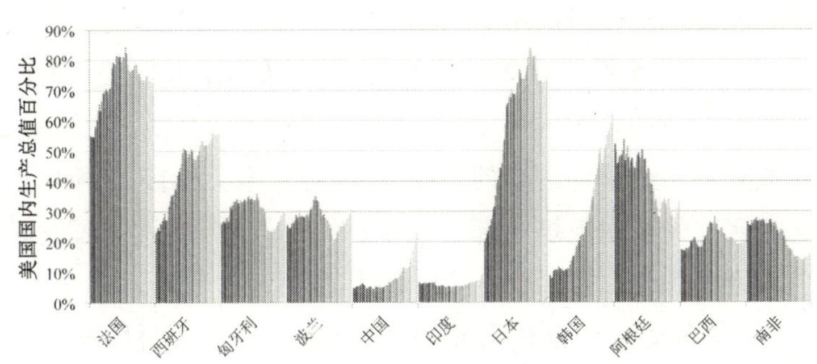


来源：世界大型企业联合会及格罗宁根增长与发展中心。世界经济总量数据库，2008 年 9 月。http://www.conference-board.org/economics/

**图 6.3　1950—2007 年与美国比较下的经济增长**

取得了些许进展，却在20世纪70年代后期至80年代逐渐衰败了下来。拉美国家在“辉煌的30年代”里表现各异，80年代均陷入滞涨危机，直到1993年至2008年间取得了一些进步（但请注意，战后的阿根廷一直处于下滑状态，有时甚至遭遇经济陡跌）。然而，变化最大的就是过去半个世纪以来，撒哈拉以南非洲的整体下滑。该地区的收入总额最多抵得上美国的1/20。

除了收入这一要素，国家间福利指数的差距自1960年以来却有所缩小。低收入国家的人均寿命从高收入国家的62%增加到75%。对于中等收入的国家，这一数字从78%提高至90%。总体而言，世界在人类发展的某些方面逐步趋合，但一些国家取得了更显著的进步。在亚洲和拉美，人均寿命延长了20年左右；尤其是在韩国，人均寿命从54岁延长到78岁！尽管非洲在此方面也有长进（尤其在20世纪90年代初期艾滋病大范围蔓延之前），但它依然是取得进步最小的地区，不论是绝对进步还是相对进步。

穷富国家间在群众的营养水平、婴儿死亡率、卫生医疗条件等方面的差距逐步缩小，这一进步着实令人欣慰。然而，其他数据显示这种进步的空间有限，存在着无形障碍。第一，这些笼统的数据掩饰了部分国家的结构性差异。例如，发展中国家人均寿命延长的主要原因是婴儿死亡率的下降。毫无疑问，寿命延长本身是明显的社会利好，但也同时模糊了对其他问题的关注，例如成人健康状况未有改善、疾病传染源控制不力、寿命仅有五六十岁等(Deaton，2006)。第二，穷人与富人在未来发展潜力上的差距在逐渐加大，包括受教育程度、科学人员数量、计算机和网络使用率等。

那么我们可否将这些数据拆开或按人口进行分析呢？中国和印度有25亿人口在过去20年里经济发展势头迅猛。如果按人口进行数据分析，全球不平等程度显然会有所下降。包括法尔博(2003)在内的专家把这两国(还有越南、巴西等国)的发展态势理解为国家间的不平等得到显著改善的标志。还有一些学者认为全球不平等的减轻也反映出贫困人口比重的下降，以及收入水平的趋同(Sala－i－Martin，2007)。对这些分析家而言，过去20年的转变正是得益于全球化的深化和全球市场一体化的加深。

以韦德(Wade，2004)为代表的另一些学者则持相反观点。他们声称，不平等不但在加剧，而且全球化是罪魁祸首。过去20年国家间不平等的数据说明，除了在部分最富裕的国家，世界其他地区间的不平等程度都在加深(Cornia and Kiis-ki，2004;Birdsall，2005)。我们会在下面的案例分析中对这一趋势进行深入探讨。

许多试图结合国内和国家间不平等衡量方式的研究显示，即使剔除“中国效应”，全球不平等在过去几十年中的确得到了一定程度的缓解（Chotikapanich et al.，2007）。一个主要例外就是，撒哈拉以南非洲落后于世界其他地区的步伐反而在加快。总体看来，中等发展水平的国家数目有所增多，但穷富两极的差距却大大加深（Sutcliffe，2007;Collier，2007）。换而言之，正如本章开头所述，全球不平等程度既有加深，又有减轻，这都取决于考量的对象。

全球化对中产阶级的影响似乎是最大的。毋庸置疑，全球化的收益主要犒劳了特定种类的劳动力、技术和资本。在富裕国家的一些地区，这种情况引发了去工业化热潮，因为大量制造企业转移到了国外。再加上操作自动化的技术压力，雇主对劳力需求下降，从而带来了巨大的就业压力。下岗工人的命运与掌管新型电子化经济的高技术人才的前途形成鲜明对比。在经济水平较低的地区，国外产品的涌入大大杀伤了先前受保护的工业，因此侵害了这些国家的中产阶层。

生产领域的这一转变从理论上降低了全世界的消费品价格。全球制造业的一体化为贫穷国家创造了千百万的就业机会，也意味着穷人经济发展机遇的极大提高。金融市场一体化令投资资本更容易获取，但是全球市场规则也导致了福利水平的下降和政府雇员的缩减。

所有人都认可全球化既有赢家也有输者，问题的关键就是为什么有人成功，有人失败。

贸易和相对增长之间有明显的正相关关系。贸易频繁的国家更可能是富国，拥有高福利水平。问题在于分清孰是因孰是果：富国是否只是贸易大国，还是贸易能够致富？种种证据显示，对于那些20世纪60年代崛起的国家而言，融入全球贸易网络的确成效非凡。当然东亚国家（尤其是中国）与拉美国家的不同命运证明，全球化不仅无伤大雅，更是经济发展的必要条件。

尽管如此，我们也应警惕“全球化有百利而无一害”这种一刀切的观点。并非所有一体化都有相同效果。例如，虽然一个经济体中贸易的角色与经济表现有正相关关系，但只注重初级产品的贸易模式会拖累经济发展。任何商品都有繁盛和败落的时期。但是，基于初级产品的经济（例如拉美国家）将阻碍长期发展所需的内部动力的生成。该道理在“压价竞争”现象（各国争相使用最低劳工成本生产最简单的产品）中同样适用。全球一体化的效益无疑与所售商品的精密复杂程度成正比。然而，同样不可否认的是，自给自足的生产模式根本行不通。处于全球金字塔最低端的国家并非全球化所迫，也不是任何等级制度的历史遗留。因为这些国家都太过边缘化，早已被世界发展的潮流远远甩在后头。

如果参与全球体系的利大于弊（同样取决于发展模式），那么国内机构的作用也至关重要。这里的侧重点不是交互的全球性，而是全球资本主义的“资本主义”因素。比方说，东亚经济繁荣只因资本主义的一体化这种观点就站不住脚。首先，国家在促进东亚经济增长的过程发挥了不可否认的推动作用。它们不是纯粹自由资本主义的产物，而是悉心经营管理的结果。其次,经济增长量的多少取决于市场监督规范机构作用的大小。这一点在下面举例说明一国内部不平等时会更加清晰。

全球经济一体化的加深显然为其最佳参与者带来了好处,而表现的好坏与一国的先决地位高度相关。一国如何从全球化中受益?要么掌握全球市场所需的技能,要么拥有能在全球交易所里赢得更多收益的资本。大多数全球化的赢家都属于前者。这一所谓的“知识阶层”通过掌管控制全球化的信息系统日渐富裕。这样的人随处可见,从印度的程序员到美国的百万富翁律师。但由于教育资源分配的不平均,他们主要集中在富裕国家。拥有足够资本的人群要小很多,他们利用竞争激烈的金融市场以钱生钱。世界上拥有“高额净资产”[①]的1000万人利用全球一体化大发横财,超级富豪也因此成为市场化的最大宠儿。经验数据显示,国家内部不平等与金融一体化程度成正比。

到头来,针对全球化和不平等的争论回归到了一个尚未深入研究的领域:流动性,而非结构性不平等。鉴于世界的极度不平等,全球化在多大程度上为个人在等级阶梯上的晋升提供机遇呢?对此众说纷纭。迈克·豪特(2006)指出任何地方的社会流动性依旧缓慢和艰难,其中政治因素的作用跟全球不平等同样重要。全球化的影响主要体现在巩固优越国家的已有地位上。为了更好地理解该现象,我们不能仅从收入方面进行对比,还应考虑其他将人分成三六九等的方式。

---

① 金融术语,代表可投资资产超过100万美元(2008年夏天之前)的个人。

根据市场一体化的传统自由主义观点，进行全球竞争的需要理应减少种族、性别或其他任何形式的歧视（*Centeno and Newman*即将出版）。逻辑很简单：在竞争激烈的市场中，生产与消费的界限逐渐模糊，生产者与消费者间的社会关联也几乎不复存在。这种环境下任何传统意义上的偏见都将适得其反。因此，我们可以说全球化有助于消除传统隔阂。然而，另一部分人却持相反观点，他们认为全球化加固了传统障碍：收入分配的地域特征明显，全球化给遥遥领先的国家带去了更多利益。因而，富裕国家（往往为白色人种）的收益远远大于贫穷国家（人种肤色较深）。类似的，在每个社会中，已经占尽先机的人（男性、肤色较浅、阶层较高）不仅获得了更多全球化带来的增长和财富，还利用此差别成功地使其地位进一步合法化。对于那些精英阶层而言，全球化甚至可以成为理想说辞，认为他们的高高在上是英才教育的必然结果。

在我们的分析中，对传统歧视的作用正是全球化与全球不平等关联的最重要方面。不幸的是，这一现象缺少经验数据支撑。研究最多的领域当属性别歧视，因为男女有别是不平等的永恒主题。一系列数据显示全球一体化实际上减少了性别不平等（Black and Brainerd，2004;Grayetal，2006）。这并非否认性骚扰、性别歧视或压低女性社会地位的存在。只是说全球化对性别不平等起了相对缓和作用。阶级、种族等其他类型的歧视只有较少实证和数据。有新闻报道称印度达利人（贱民）在经济自由化的帮助下逃离了阶级制度的魔掌。他们生存状况的改善也有部分数据记载（Munshi and Rosenzweig，

2006)。但是其他研究指出这一进步并非源于全球一体化或市场开放,而是政府肯定行动政策的出台(*Attewell and Madheswaran*即将出版)。对种族歧视这一问题的研究可进一步划分为两部分。其中一方面,即全球化在多大程度上帮助相关国家减少了针对少数民族的种族歧视行为?可惜我们在此方面的数据几乎为零。关于全球化和新型种族主义以及排外主义的问题将在移民这部分详细讲述。

不可否认,在很多领域都存在不平等。全球化加大了赢家和输家间的差距,这点也非常清楚。同样不可忽略的是,也有许多国家通过市场一体化改善了人民生活,并逐步接近发达国家水平。既然对全球化和不平等的看法很大程度上取决于看问题的角度,本章下节将深入探讨富裕国家(重点对比美国和西欧)、相对贫穷的国家(重点是中国)以及联系这两个世界的桥梁——移民——的不平等。

富裕国度之不平等

"传统"世界强国国内不平等的程度可谓千差万别,令人惊诧。北欧福利国家的基尼指数只有25左右(意味着前10%人口的收入是垫底10%的4倍左右),这一数字在美国则超过了40,收入比例也翻了一番。总体看来,欧洲的不平等程度自西向东随之递增,但基尼指数最高也不超过40(加拿大为32)。相比之下,美国的平等程度好于拉美国家,它们的基尼指数超过了50,有的甚至逼近60(也就是说前10%与垫底10%的收入比例是20:1)。财富分布的差距更加令人咋舌。一份关于美国和西班牙(在欧洲收入分配中处于中位)的比较研究显示,美国的财富基尼指数为80,而西班牙只有56。美国前

10%和1%的人口拥有资产的比重分别为69%和32%，该数据在西班牙仅为41.8%和13.2%（Bover，2008）。现在预言2008年危机对财富和收入分配的影响还为时尚早。一方面，有资可投的富人必然遭受损失；另一方面，穷人一旦失业将很可能没有其他经济来源。

不平等的这种差别在多大程度上与全球化有关？为了回答这个问题，我们需要看看这些国家内部不平等的历史变化。20世纪70年代以来，富裕国家中的美国、英国和其他“盎格鲁-撒克逊”国家的内部不平等有所加剧，而其他富国则维持原状，甚至有所减轻（Weeks，2005）。皮凯蒂和萨兹（Piketty and Saez，2003）指出，1970年之后，美国的收入不平等形式开始与欧洲国家产生差别。第一，不平等急速加剧。第二，差距的拉大主要来自高薪人群（所谓的努力工作的富人）收入的迅速提高。

全球化能对这一现象做何解释？根据美联储的一份近期研究，美国国内收入不平等的加剧是20世纪80年代以来30年“技能型技术革新”的反映。该变化的一个原因就是技术进步，它让教育变得更为重要，学生入学率在这一时期也有所上升。这一变化趋势加上市场一体化和外包等的发展给发达国家的工薪阶层重重一击。他们不仅遭遇相对甚至绝对收入的下降，而且面临更大的工作不稳定性（Yellen，2006）。相反，技术进步和市场一体化提高了生产力水平。这两种并行趋势大大挤压了从生产发展中获利的社会部门。

这一现象是多方因素综合作用的结果，我们不应只考虑全球化，还应分析国内政策的影响。不论一国经济的全球化程度如何，国家依然扮演着重要角色。正如拉里·巴特尔斯(Larry Bartels，2008)所说，不平等部分是政治创造的产物，经济周期的影响由当权者调节。比如说，美国和其他发达国家（大多数国家的贸易额在GDP中占比较高）间不平等的差距源自美国政府对草根民众较少的帮助。其他国家政府在减少不平等方面发挥了重大作用，而美国政府的这一角色则相对模糊(Neckerman and Torche,2007;Smeeding，2002)。再者，各国在处理资本主义与全球市场一体化的方式上也千差万别。

贫穷国度之不平等

贫穷国家中不平等与全球化的关系又是如何？对此的研究存在一个问题：随着国家收入水平的下降，用来衡量内部不平等的相关数据也越来越少。不管怎样，不平等的发展势头是清晰可见的。拉丁美洲与苏联阵营一样，国内不平等程度比富裕国家更加明显。亚洲国家的情况则相对复杂。关于非洲国家的数据更加稀缺，但仍有证据显示整个非洲大陆的不平等均有加剧(Cornia and Kiiski，2004)。

拉美国家的不平等臭名远扬。一方面，近一半的收入流进了前10%人口的腰包，而垫底的10%只分到少于2%的收入。另一方面，拉丁美洲向来与国际市场联系紧密。基于这两点，该地区成了全球化分配扭曲的绝佳例证。从某种程度上，过去20年全球化的发展恶化了许多国家的收入分配状况，因为政府被迫缩减福利和公职人数以兑现国际承诺。但是该地区的不平等主要出于种族歧视的历史遗留以及相应的自然资源的不合理分配。此外，拉丁美洲在市场一体化引以为豪的人力资源创造，以及国际商务赖以生存的基础设施建设方面落后于其他发展中地区(de Farrarietal,2003)。值得注意的是,政府的有利政策加上得当的国际贸易往来能够扭转这一历史劣势:过去15年中,巴西成功降低了不平等程度(尽管仍是世界上不平等最严重的国家之一)以及贫困人口比例。

在前社会主义国家,1989年前的不平等不易进行比较,因为这种潜在的不平等并非金钱方面,而是基于党内级别和地位,往往隐藏在官能化的数据报告中。当然,紧缩预算标准的实施和旧有支持体系的消除加剧了不平等(以及贫困)程度(Rands and Centeno,1996)。虽然许多人通过贪污腐败一夜暴富,但市场自由化也为他人提供了合法致富的途径。至于其他国家,我们应分清通过加工制造(孟加拉国)与纯粹初级产品出口(非洲大部分国家)来融入全球市场的区别。最后,许多这些国家均遭受国内国际冲突之苦,这似乎也进一步加深了相互间的不平等。

出于这些原因,我们应将重点放在一个案例上,以此分析全球化和不平等间的关联。这一案例的最佳代表非中国莫属,它是体现全球资本主义的承诺和挑战的最极端例子。一方面,市场自由化大幅降低了中国的贫困率:从25年前的64%直降至10%(Dollar,2007)。这不应仅仅归功于国际贸易,中国无疑在全球化这场游戏中玩得有板有眼。另一方面,中国同一时期的基尼指数从31上升到45,就像是世界的缩影,中国变得富有,但却可能更不平等了。

中国国内的不平等与不断深化的全球化有何关联?首先,在许多方面,中国与美国有着共同的发展模式:经济发展大大刺激了对教育和技能的重视。其次,在城乡之间、沿海与内陆地区之间，生产力和投资方面的差距给不平等分布增添了地域因素。例如，城镇居民的人均收入是农村居民的4倍，东部沿海地区的人均收入是西部省份的3倍（Young，2007）。这些地区差异不光体现在财富所有量上，还能从21世纪的整体生活水平中看出。也许更令人担心的是，受教育的机会（进而带来更高收入的可能性）跟父母财产状况和所在地区的关联愈加紧密。世界银行的一份研究指出，中国贸易顺差的巨大成功反过来加剧了国内不平等（Dollar，2007）。

移民

全球化与全球不平等一道凸显了一种新型歧视——公民身份。我们的经历告诉我们，一个人的出生地点很大程度上决定了他/她的人生。通过观察分析不同地区间的人口流动，我们能更好地理解全球化对不平等影响的复杂性。劳动力的全球一体化让数百万人得以从贫穷国家迁移到富裕地区，从而迅速提高生活水平。这在全球范围和区域内部都是如此。迁移方向总是从低收入往高收入：从拉美到美国，从北非到欧洲，从南部非洲到南非，从南亚到中东，从东欧到西欧。

这种往高收入市场的人口流动，一方面提高了移民工资水平，而降低了不平等，另一方面拉开了有亲属与无亲属在海外的家庭间的收入差距，进而加剧了不平等。在目的国，移民的涌入同样形成了新的人群分类：公民、有居留许可权的人和非法移民。在任何地方，合法跟非法的穷苦劳工间永远界限分明。

世界贫穷地区包揽了挖掘自然资源、进行初级产品加工等脏活累活。有了全球范围内的移民，富裕国家能将其国内的脏活儿转嫁到从贫穷国家来的移民身上。经济合作和发展组织国家拥有约1亿移民。移民占国家总人口比例从2%(日本)到22%(瑞士)不等,大部分在10%左右。尽管包括不少技术型移民(例如,25%的美国医生出生在国外),但大部分移民都从事着目的国公民不愿干或报酬太低的工作。

移民当苦力,而本国国民坐享其成的极端例子当属中东石油产国。在阿联酋,71%的人口非本国出生,这一比例在科威特是62%,巴林是42%,沙特阿拉伯是25%。尽管这些外籍移民中包含工程师和其他专业人员,但总体而言他们代表了一群无法律保护其基本权益的平民工人。不平等无处不在,即使经济水平相差不多的国家间也存在移民现象。马里人渴望移民到科特迪瓦,莫桑比克人渴望移民到赞比亚,萨尔瓦多人渴望移民到墨西哥,巴拉圭人渴望移民到阿根廷(曾俗称女仆为巴拉圭)。每当经济条件恶化,这些移民都首当其冲,不管是来自政府(例如意大利)的挤压还是暴徒的欺负(如南非)。2008年的危机无疑会激化反移民情绪,催生反移民政策。

随着世界一体化程度的加深,国别财富分配的自然因素越来越少。为什么出生在格兰德河(位于美国和墨西哥之间)北岸的人生来就比南岸的人寿命更长、收入更多呢?地中海沿岸和印度洋两岸的人们有着同样的“困惑”。这里需要重申,国家对一个人在全球地位的决定作用更加清晰明了了。

有无所谓?

要求全球化消除不平等是否有失公平?恰恰相反,正是因为全球化运作良好,论功行赏,它反而加深了不平等程度。

全球化奖励表现出色的参与者。正如沃尔特·拉夫伯(Walter La Feber,1999)提出的“迈克尔·乔丹效应”,顶尖选手从国际市场中的获利比当地或国内市场大得多。但这也意味着那些表现良好却不出类拔萃(至少从国际市场的角度看来)的人将被淘汰出局。举个例子,NBA球赛不断扩大的全球电视覆盖率反而使现场观众人数有所下降。全球移民市场验证了这一现象。贫穷国家的许多地方正经历虽不明显但却惨痛的人才流失,因为精英们的高技术水平能在富裕国家得到更好的回报。从个人角度来看,移民走的是上坡路,但对其出生国而言却是下坡路。

但是,我们必须认清全球化的奖励体系绝非公正,世界也不是公平竞争的舞台。不平等的一个特征就是“持久性”(Tilly,1998),财富的全球分配验证了这一点。例如,全球财富分配在很大程度上反映了前几个世纪的地缘政治关系。加入欧洲富国行列的国家要么居住着欧洲人的后裔(北美和大洋洲),要么未被欧洲占为殖民地(日本)。白色皮肤几乎成为美的普遍标准。这些都只是巧合吗?

即便撇开1945年之前的历史不谈,经济学一次次证明了市场规则不完全反映先天和普世特征,而是当时权力等级结构的体现。因而全球化规则毫不例外地倾向于它的制定者(Pogge,2007)。对全球市场上合法与非法产品的界定是这一观念的最佳佐证。高档酒和烟草制品(几乎全部产自欧美)可以随处购买。然而,诸如可卡因的高档麻醉品,其产地碰巧是世界贫困地区,却不能合法地从全球市场中获利。相似的,富裕国家对劳动力流动障碍的配额设置选择性忽略了1945年之前300年间的大规模欧洲移民。一个更加自相矛盾的现象就是，富裕国家要求穷国注重环境保护，以免恶化早就被自己破坏了的环境状况。

不平等同样反映了预先存在的权力结构。全球化部分淡化了阶级、种族和性别因素，但要在全球化进程中取得成功，这些因素又起着决定作用。世界范围内是这样，一国之内也是如此：是否是白人（南非），是否拥有土地（巴西）——他/她在经济自由化之初的状况与其命运间有重要关系。

全球化经济危机或波动同样危及弱势国家。富国能较快调整以适应价格临时上涨，但穷国却会因此遭受重创。即使用尽浑身解数，穷国也无法彻底扭转现状。购买食物的花销仅占家庭收入10%的国家（经济合作和发展组织国家）比占家庭收入65%的国家（孟加拉国）更易渡过类似基本粮食价格陡增的难关。同样的，相比贸易类型单一的国家，出口商品种类宽泛的国家更容易经受住市场的上下波动。

为什么这是对全球资本主义的挑战？有人认为，鉴于全球化降低了绝对贫困，提高了整体生活水平的事实，不平等的问题终究无关紧要（Bhagwati，2004）。另一部分人则用道德关切加以反驳，认为只要存在极贫极富，对这些问题的忽略就没有辩护的余地（Singer，2002;Sen，2001）。

这些不平等的持续将导致南希·伯索尔（Nancy Birdsall，2005）所说的“破坏性不平等”。在这种情况下，不平等非但不利于促进竞争，保障市场这只有形之手的利益，反而会歪曲市场表现，使掌权者获利，将无权者推向绝望。更大公平的益处多多，超越任何道德满足。因为平等与发展间存在着重要联系:全球市场成功的最佳社会经济学解释就是达到某种程度的内部平等。与仅顾及少数人经济利益的国家相比,只有那些将国内不平等维持在一定程度、使人民基本生活有所保障的社会才能以可持续发展的模式与世界融为一体。因此,为了使全球化长期发展下去,平等不单单更可取,还应成为必选之路。

正如本章开头所说,我们必须记住不平等是视角问题。即使贫困程度有所减轻,穷人关心的依然是与富人间的那道鸿沟。城市贫民窟里的穷光蛋也许并不对播放富人画面的电视心存感激,反而会憎恨电视所凸显的致富梦想与惨淡现实间的巨大差距。随着世界一体化的加深,以及反叛能力的愈加民主化(由于体系的复杂性,随之而来的脆弱性,以及武器和炸药的低价格),草根阶层的需求(即使从富人角度也是相对贴切的)本应是富人的主要关切。

自由化和一体化形成了所谓的全球"寿司阶级",其规模不断扩大,目前已逼近10亿人口。这群幸运的1/6的世人能一边喝着进口啤酒,一边品尝着随处有售的美味刺身。他们一生至少坐过一次飞机,飞往想去的任何地方。他们的信用卡世界通用,能够在取款机上提取当地货币。他们比100年前的任何皇室贵族、达官贵人享有更多特权。但是,他们如果想生活在没有壁垒的社会中,继续安全地行走在全球村的道路上,他们就必须提高警惕了。

## –用平等换稳定–

毋庸置疑,世界并不平等。也许衡量不平等的最佳依据就是被经常引用的20/20法则：世界上的大部分财富集中在最富有的20%的国家里以及剩下来的国家中最富有的20%的人手里。另外的80/80本质上都可忽略不计。

全球化对这种不平等影响的证据模棱两可。一方面，20世纪90年代初期以来，世界大部分地区的收入和福利水平都有巨幅提高。另一方面，国家间和国家内部极贫极富人群间的差距有所加深。同样不置可否的是，许多人(尤其是失势一方)感到全球化恶化了他们的生活。不论是在富裕国家的失业工人眼中，在贫穷国家的绝望农民心里，全球一体化都是众矢之的。

全球资本主义的真正困境也许不是简单考虑全球化“失败者”的境遇，而是决定哪些“失败者”需要优先对待。加大出口导向型的贫穷市场对富裕国家的开放力度极其有利，但会同时伤害进口市场的国内利益。更加开放的对外窗口有助于移民，也将导致目的国低收入人群的失业。主权国家的民主空间与不断加深的无序全球经济一体化间的鸿沟依然是全球经济可持续发展的重大挑战。

# 第七章

## 环境的制约性

本章主要探讨的是在全球资本主义革命的漫漫征程中一直面临的环境制约。为什么在《全球资本主义》一书中专门辟出一章讲述环境呢？部分缘于环境挑战是资本主义的独有特征所引起的，有学者将资本主义称为“生产的跑步机”，越来越多，越来越快（Schnaiberg，2005）。再者，我们可能遭遇体制的限制，将会从根本上挑战资本主义赖以建立的理论基础和机制。最后，环境挑战在全球分布不均，全球资本主义需要直面这一不均衡的具体问题，以及这对于资本主义的扩张和政治生存意义何在。

环境的挑战尤为严峻，因为环境正如全球资本主义，是一个复杂的系统。就此而论，它具备突发特性（环境各个支系之间的交互影响会产生一些意想不到的结果），而且对微小的变化极为敏感。另外，正如所有复杂的系统一样，环境的这两个特性使得其本身不易转型。解决目前的环境问题尚无简单易行的方案，至少缘于以下两方面原因：其一，消除现代经济生活中破坏环境的成分在技术上极其复杂，并且政治上难以行得通；其二，改变资本主义来解决环境问题同样困难，也可能带来不确定的后果。更进一步说，复杂系统内部通常都有自我强化机制，也就意味着，在与环境的互动过程中或者在资本主义的机制内部只进行微调都不足以解决这些问题。深层次的系统调整有两种：一种是凡是环境所能提供的人类生产，一律取消（比如环境退化严重到经济活动无法开展的情况下）；另一种是彻底改变经济系统的组织模式，以避免第一种调整的发生。最终我们可能需要尝试其中一种方式。但两种调整都不会带来致命的破坏性。

解决这一挑战首要的是要避免将资本主义与环境之间的关系作为一种自然的、静止的事实来看待。环境论者和资本主义的支持者都将两者的关系认定为一种简单的二选一。但是，对于环境和财富之间的两种选择并不完全是对的。我们并非简单地在选择，一方是可致富但对环境具有破坏性；另一方是有利于生态环境的可持续发展，但无法创造经济收益。或许会有一些权衡，但是我们同时有无数其他的选择。并不是在财富与贫困之间做选择，而是要考虑如何创造财富。有必要认识到，虽然在资源和财富的使用之间存在着明显的关系，但两者的关系并非是直线型的。①

谈到此书中全球资本主义的其他方面，我们需要将资本主义与环境的关系置于适当的历史、政治和地理背景中予以讨论。两者之间交互影响的地理环境印证了上一章节讨论的区别，也类似于经济秩序扩张过程中面临的挑战。而历史说明，这并非环境和经济的首次冲突，过去的教训仍历历在目。

① 根据同样的大致收入分类，日本人均能源消费是美国的一半，西班牙是加拿大的 1/3，巴西是俄罗斯的 1/3。

另外，从历史的角度可以推测目前环境与经济的关系是如何建立起来的，以及如何重新协调。最后，两者的关系系于政治选择和政治结构。关于环境对经济的挑战这一点，没有绝对确定的结论，这是决策和成本的问题，并且也是权力行为。

## –从木材到石油–

目前，我们所面临的环境两难并非一朝一夕形成的。此前的社会同样经历过环境的发展限制，如土壤肥沃度降低、水资源折耗，或者气候变化等。有证据显示，人类社会在处理此类危机方面并不擅长，这些问题通常会带来社会结构的坍塌（Tainter，1988）。社会的进步会伴随两大特征：复杂性和互相依赖性，全球资本主义将之发挥到历史的极致，从而使得这些类似的系统变得无比脆弱，极易破裂。

在环境困境之外，我们还需注意到当代社会对能源的依赖。这不单单是地理位置和资源运输的问题，相反，有必要认识到，人类在历史上首次依靠能源发展，而能源并非人力生产。用环境历史学家麦克尼尔的话来说就是："1820年之后，世界经济越来越依靠非人力能源。到1950年，任何社会，若不大量使用能源则注定贫困。"（2000:298）一国经济成功的关键是确保拥有充分的能源供给。资本主义如何承受相关成本价格继续依赖石油呢？

当代全球经济已经解决了一个资源危机。1000年以来，木材代表了辅助人和牲畜劳力贮能的唯一来源。即使开始用水力发磨之后，世界发展仍然依靠木材。大量使用木材的后果提醒了我们潜在的危险。中东地区森林被采伐，地中海多数地区和英国北部地区树木消失，中国的情形与此类似。将木材被用来作为建筑和木炭的基础原料导致大部分土地的森林沙漠化，而将土地清空以做商品生产之用的压力更加剧了这种紧张局面。因此，我们可以根据消失的森林覆盖面积来探寻1800年之前历史发展的足迹。欧亚大陆的大部分森林在很久之前已被采伐完，我们今天在中国和欧洲所看到的森林都是新生的，比此前的原始森林密度低得多。在过去1500年间未经历过经济大改革的地区，如亚马孙以及撒哈拉以南的非洲大部分地区，仍然保留原始森林，这并非巧合。

从本质上来说，全球经济是被一种新能源资源拯救的，这种能源便是煤。正如在以前拥有木材即意味着拥有权力，拥有距离可用之地较近的煤炭资源也是下一阶段发展的关键。在19世纪，拥有大量可供开采的煤炭资源和工业发展这两者之间的关系度极高（Pomerantz，2000）。到20世纪初期，煤炭已经代表了全球90%的能源资源，并带来了前所未有的经济发展规模，是木材能源阶段所不能企及的（Ponting，1991）。

当然，煤炭也有其自身的不利之处。首先，运输费用相对较高；其次，煤炭极脏；最后，煤炭能源使用的质量和规模比率低于石油和天然气。从20世纪的美国开始，延伸到第二次世界大战之后的其他地方，石油和天然气开始代替煤炭的使用，并占据了全球能源资源的半壁江山以上。这意味着再一次的权力转移，一些50年前处于世界经济边缘的国家一举跃起，不仅可为其居民提供全球最高的生活水平，同时也在世界经济中发挥着举足轻重的作用。但是要注意，仅仅拥有石油和天然气并不能保证成功：因为“资源诅咒”规律，那些拥有财富的国家，长久地陷入战争和贫困(Ross，1999)。

实际上现在的世界运转都是靠石油和天然气：不仅用于转移运输人口，同时也用于发电(虽然煤炭和其他能源诸如核能在此也扮演着重要的角色)，而最重要的是，石油和天然气维持着本书第二章中所描述的复杂的交易网的运行。很多人认为，20世纪90年代的繁荣与常被提及的多种结构因素毫无关系(东欧巨变、计算机的崛起、更自由的贸易体制的建立等)，而是石油价格引起的。石油价格和多种经济指标之间的关联度相当高。这是因为，全球经济的效率和高度的专业化取决于能够以相对较低的价格运输物质和制造品。石油价格不降，则生产增长无望。而更糟的是，没有石油，就没有全球化的经济。

全球经济对初级能源的依赖并不仅限于石油。富国一般消费者消费的商品数量和规模惊人，其中很多都是不可再生的，例如锌和镍、铟和铂。甚至根据保守估计，即使从中期规划来看，这些物质的可用数量也可能会缺乏。另外，虽然现在需要亲自种植食物的人越来越少，我们的吸纳能力已大为增长。通过畜牧生产的扩张，全球食品链的诞生和饮食结构的西方化都意味着对土地的消费呈现剧烈增长，从1960年到2000年，全球对木材和谷物的消费几乎翻了一番，而肉食消费则增长了5倍(FAO，2004)。

即使世界大部分地区生活在赤贫之中，我们仍需要去发掘、提取并加工大量的资源。若全球资本主义确实使每个人都变得更为富裕，不管是穷人还是已经是富人，这些大额的消费数字可能仍会增长。而此般消费给环境带来的压力并不局限于人均的具体消费，同时也会在加工和运输这些产品的过程中对环境造成一定程度的危害。总体来说，由此引起的资源枯竭表明，经济愈繁荣，则会带来更大范围的新的或更严峻的挑战。

与此讨论相关的环境现象的一个主要特征是其地理分布。世界上各个地区的消费模式不尽相同，对环境的破坏也不一。毫无疑问，全球的富人能分到更多资源这块饼。根据世界银行的预计，高收入国家的消费额大约是最贫穷国家的50倍。最近一项调查研究显示，全球最富裕的7亿人（多数都来自经济合作和发展组织国家）所排放的尾气量达到世界的一半（Chakravarty，2009）。但是我们今天面临的环境挑战更多的并不是关于分配不公，而是世界上的多数地区要求分到同样的资源数量。假设将正在讨论的资源比喻为一块蛋糕，其大小恒定，那么有两个选择，要么“老牌”的富国开始减少其消费量，要么我们将会无蛋糕可分。

## –还剩下多少–

即使考虑到我们目前消费的大量资源，我们所知的资本主义在以后的发展将会需要数倍的资源。在接下来的50年，全球经济活动预计会增长5倍，能源和其他的物质需求将增长3倍（Matthews，2000:v）。我们有足够的资源出口吗？对资源可用量的审查明显充斥着政治偏见。如果全球的会计统计出资源量仍有盈余，我们就没有必要担忧环境对发展的掣肘。然而若是相反方向，我们现在面临资源亏空，出于基本的信用责任，我们也须予以关注。

考虑到能源对于全球资本主义命运的关键作用，我们将重点关注这一部分。[①]从石油开始，我们首先需要了解，关于已开发的资源数量和地下储藏的数量统计，其可信度极低。出于公司和国家安全的考虑，负责统计储备数据的机构并没有高度合作。有些估计数据过于乐观，只是为了维持股票价格（曾经在某个时刻，壳牌石油公司似乎将其石油储量虚抬了20%~25%），或者是为了在全球市场中显得举足轻重，抑或是为了减轻投资者对国家能源储量空虚的担忧（墨西哥通常会虚夸其国内的石油储量，有可能在这个10年末纯靠进口）。由于定额限制、腐败以及单一的操控，生产数据已经不再精确或绝对化。

总的石油消费约为每天8500万桶（这是我们可能得到最接近现实情况的数据），其中每天有5500万桶用来出口。做一个简单的乘法运算，乘以价格，则可得出全球石油贸易的规模：以相对低的价格50美元每桶来计，则几乎每天全球交易的数额高达30亿美元，每年超过万亿美元。这些数据说明了石油的地位，不仅仅是一种燃料，同时也是世界贸易和金融流动的关键。能源系统不仅关系到物质生产的维持，同时也关乎这种交换如何推动经济发展。

而地下储存量的多少这一问题取决于人在多大程度上持乐观态度：已证明石油储量（根据上文，这一概念本身便值

① 参见美国能量信息管理：http://www.eia.doe.gov/；联合国环境规划署：http://www.unep.org；美国石油学会：http://www.api.org；石油输出国组织：http://www.opec.org/home/。更多信息可参考英国石油公司年度统计数据：http://www.bp.com/productlanding.do?categoryId=6929&contendId=7044622。

得质疑)将会持续约40年。加上泥板岩的存储量或许会再增加50年。然而,即使假设按照目前的消费水平,剩余的石油储量将会维持100年,我们仍不能认定一切都会顺遂。首先,随着产量的下降,石油价格将会飙升(生产的高峰期将会在下个10年到来),即使有石油可供使用,因其价格过高从而使得全球化的燃料补给异常困难。其次,最后20年全球经济又迎来一批新的竞争者,这些经济参与者的经济增长以及其背后的经济因子将只会加剧对这一资源的消耗。1965年中国每天消费21.7万桶石油,但是到1990年这一数字已经变成230万桶,到2006年,更是高达75亿桶。所有的亚洲国家在过去15年间实际消费都翻了一番。

天然气常和石油并列提及,在全球的能源生产和消费方面属于资源争夺的下一个目标,约占全球能源总量的1/4。在能源交易方面,天然气的年度贸易额再添5000亿美元。天然气相较于石油的独特优势在于:天然气释放的温室气体尚不及石油的1/4,也不及煤炭的一半。天然气的最终用途很接近于煤炭,集中用于工业生产、能源生产和家用取暖。它的主要缺点是,各地区之间若没有管道连接则运输起来成本极高(例如,有的地方由于地下水的原因,在技术上不成形)。也就是说,天然气的供应很受地理限制。这一点很重要,因为相比较于石油,天然气相对集中于少数国家,消费国家很少可以依靠中期的储备。天然气的这种地理选择性更有战略意义,因为全球70%的天然气储存在俄罗斯、中亚和中东——世界上地缘政治最不稳定的地区。因此,政治也变成了全球能源市场的一个组成部分。

天然气的消费量在世界各个地区持续攀升，但却是主要集中在中国和印度。目前的消费是大约100万亿立方英尺。预计在下个20年将会增长60%。虽然我们对天然气储量的信心应该低于石油储量；但是预计天然气的可用量仍可持续60—100年。因此，在新生代一生的时间内，天然气将会稀而贵，掌控在少数地缘独裁者手中，并出于政治原因难以运输。

1/4的全球资本主义发展仍靠煤炭运行。煤炭在某些领域依然是主导资源：是发电的主要能源，也是中国和印度最重要的能源。在很多方面，煤炭都是绝佳的原料。首先，煤炭资源数量可观，据估计，按照目前的使用频率，煤炭资源可用150—300年。其次，煤炭在各地的贮藏量相较于其他的矿物燃料更为均衡，各主要地区都有相当数量的存储。因此，煤炭无须跨地区运输便可开采使用。

但美中不足的是，煤炭较脏，使用效率也不高。煤炭不仅带来很多显而易见的污染，也会产生最大量的温室气体。而且煤炭只生产出其储能的一小部分。但是在所有的矿物燃料中，随着煤炭气化或液化技术的革新，煤炭最有可能成为一种更为清洁、高效的能源资源（虽然在这一领域争议颇多，许多人认为“清洁煤炭”的概念本身便是个矛盾）。

目前全球能源约有1/6来自非矿物燃料：氢、原子核、热能、太阳能和风能。除了核能，这些矿物燃料的优势在于它们都是可再生能源，在一些情况下有可能解决与运输相关的经济和政治问题。水电力的使用将相对较低的环境破坏和稳定而可预测的能源流动完美地结合了起来。在很多国家水电力都是重要的电力来源。但是，这种形势的能源生产和分配都需要较长的研制周期，需要巨额投资。同样的担忧可能会限制地热、太阳能以及风能的使用，虽然这些资源的储量估计可在长久的将来为地球提供足够的能源。这些资源的发展是全球资本主义面临的重要挑战，将会需要适当的制度激励。在此，资本主义的问题是依靠个人甚至联合企业的投资商来做出这种长期而郑重的承诺。事实上，我们能期望一个私有企业在今天投资数十亿，而其回报在未来50年才会预见吗？

核能已经是一些国家能源供应的重要部分，和水力发电产生的电量几乎等同。有评论认为，法国是核能使用最多的国家，因为法国的电力需求占据整个需求的3/4。而欧洲其他国家和地区，以及日本、韩国和台湾（中国），也高度依赖核能。与核能相关的一些问题与可再生能源面临的那些问题极为类似：巨额的资金投入、能源生产之前的研制周期。目前全球有超过400个核反应堆，但是据估计只有100个在建或还处于筹划阶段。每个反应堆的成本都是天文数字。这些反应堆的建立是为了使我们彻底不再依赖煤炭资源，但按其建设速度来看，这将是一项旷日持久的工程。

其他与核能相关的明显问题则涉及安全。当然会存在恐怖主义或核武器的应用，以及潜在的灾难性事件（切尔诺贝利地区仍有一个半径19英里的无人区，未来数百年都无法居住。而辐射较低的污染区域面积更大）。有关工厂排放的放射性污染物，这一问题我们将在下文阐述。

如果我们面对的是一扇窗户，可以窥见燃料使用和开始使用其他燃料的情况，则可发现使用其他资源的前景并不乐观。现在，工业生产以及新技术需要的许多重要金属（我们或可依靠这些新技术来改善环境）已经相对短缺(Gordonetal, 2006)。据估计,这些资源中有许多储藏量可用时间甚至不到100年,而且如果世界上其他地方的消费水平接近美国水平,这一时间将会更短。虽然在全球范围内可以使用昂贵的木材来制作奢侈品,甚至可能发掘一些金属的替代品,但是诸如铜、锌和铂等重要元素的耗尽终将带来严峻的挑战。

同样的形势也可能发生在可再生的农业产品上。商品流程最近的价格飙升不是单纯的短期反应(复合指标价格实际上在过去3年时间里翻了一番，但是从2008年夏季开始下滑),很多人认为,全球范围内大米、玉米、大豆和咖啡的消费增长可能会使得价格持续上升。

据联合国预计,世界食品生产将需要增加一倍以满足到2050年新的需求。而根据目前的技术这一目标不太可能实现。原因同样是由于前几章讨论的需求增长,但是也可能有供应的压力。简单来说，农业用地可能耗尽（the Guardian, 12.6,2005)。来自威斯康星大学调查小组的报告显示,从1700年开始,农业用地已经从最初的7%增加到40%。有些地方农业用地已经长期“过度耕种”,而南美的大豆和牛肉或许是最令人叹为观止的。

农耕日益密集(即亩产量提高)是现代社会的一个奇迹,也是农业大丰收的原因,同时也为一些国家带来严重的土壤退化现象。仅在美国,种植和灌溉的简单程序就造成了1500万吨的侵蚀土壤。除此之外,在“饥渴”的土地上不间断地种植作物,还会造成营养素的流失。这一情况在撒哈拉以南的非洲尤为严重。另外因种植土地引起的濒危资源是地球的森林覆盖面积。

同样的,我们也可能面临水资源的枯竭。农业发展的加剧、工业生产中的非可再生资源的使用以及国内消费都是促成因素。虽然在有些地方水资源充沛,但是在其他地方,比如中国,水资源的储存量急遽减少。中国的地下水位可能是其占领全球超级大国地位的最大掣肘。另外,使用量的增多也使得可用水的质量下降,大量水因此不可再使用。到2025年,可能全球有1/4的地方将会面临绝对水荒(这也有积极的效应),全球2/3人口将会面临"缺水压力"(需求超过供给)(UNEP,2007)。

总的来说,越来越多的人开始认识到,我们对自然资源的使用,从石油到水,在中期看来都是不可持续的。这并不是那些与此警告相关人士的观点(Ehrlich and Goulder,2007;Meadowsetal,2004),这些人一边试图消除人们的担忧,一边也承认必须对环境所面临的困境"加以分析并采取果断行动"。蒂莫西·邦德是伦敦巴克莱银行(并非常见的"绿色"机构)的高级行政人员,他在2008年3月5日的《金融时报》如是说:"这是有关资源枯竭的大问题。多数容易获取的资源已经都被开发了,多数可用的农业用地也正处于生产中。"

## –我们可以丢弃多少–

即使假设仍有大量资源可供使用,我们仍面临一个问题,即对于无用的资源如何摒弃,或者就是简单地将之丢弃。有必要明白,这不单单是为了绿色而"绿色"的问题。正如枯竭的资源一样,给环境带来过多的垃圾负担,势必会在下个世纪严重影响资本主义发展的空间,直至会影响环境自身的维持。

为了理解环境挑战的性质,有必要先了解资源流动这一概念。有研究分析了经济活动的价值,以及经济活动使用的物质材料。包括生产过程中的“暗流”,例如土壤腐蚀、矿物废料和建筑材料。对资源数量的估计,从车用石油到筑路用的岩石等,每人每年45—80吨(Matthewseral,2000:vi)。对美国经济来说,总的材料流动量每年约230亿吨。

对过去1/4个世纪的资源流动进行乐观解读则可发现,富国已经减少了用于生产的人均资源数量,并在将经济发展从纯粹的物质生产方面剥离出来上取得了长足的进展。这部分归因于服务经济的兴起以及技术的进步。但是此番趋势却并不适用于发展中国家,它们仍在忙于基础设施的建设或正在大规模地进行物质生产。这也不意味着在富国的垃圾数量、矿物垃圾过重的负担以及类似的废弃物已经减少,而事实则恰恰相反。

我们已经讨论过了生产这些材料面临的困难,但是同时也有必要了解绝大多数材料是在生产和消费的过程中被丢弃的,它们去了哪儿呢?另外,在使用和转化的过程中,原始材料变得对人体有害(例如,从碳到二氧化碳)。为了更好地理解这些“流出量”,我们可将之分为四类:危险品,以及对空气、水和土壤有长期危害的三类材料。

危险品

消费和生产有大量副产品对人类有直接的危害。这包括一些化学用品,诸如氯、铅、镉、水银或砷,还有放射性废物。

危险品的问题也早已存在,早期的工业化进程产生了一些危险物质，至少有200万个废物存储点，但是很少被适当处理过。随着技术的发展越来越精密,存在潜在危险的废物产量也随之提高,1975—1996年间美国的废物在25%—100%之间(取决于何种物质)(Matthewsetal,2000:xi)。

关于这些危害,其中一个重要的问题是,这些危害给新技术的发展带来了何种瓶颈。最典型的案例是核工业可能会因此发展。目前,美国的核电站大约生产2000吨的核污染废料。将这一数据纳入考虑范围,则可注意到,亚卡山现今停用的、政治敏感度极高的核能储藏量将无法再承受多余的核能,其积年存储的数量已极为可观。即使在另外一个与亚卡山类似存量的地方，如果按此速度，只需35年便可堆满核材料。

还有更多的有害废物,它们的形式普通,可能不具备高危害性,但是数量规模巨大,足以让全球系统难以承受。美国的非放射性有害废物在2008年共有4500万吨。[①]这些废料(尤其是高放射性的废物)的危害会持续100万年。这一现实使得如何管理这些废物储存,以及如何成立适当的机构,从而建立统一市场这些问题变得尤为困难。

全球化的组织或系统结构有能力应对这一挑战吗?如何签署契约来解决资源的半衰期？市场可以解决这一难题吗?资本主义的治理结构可以承担这些长期任务吗?以我们过去

① 相关数据参见:http://www.epa.gov/cleanenergy/energy-and-you/affect/un-clear.html 及 http://www.enotes.com/science-fact-finder/environment/how-much-solid-waste-generated-annually-united。

处理矿物和煤炭废料的经验来看，我们对此并不乐观。在过去一个世纪，由于采矿或煤淤泥存储方式不适当，数百万英亩土地惨遭破坏。这再次证明了，如果没有严加监管，实体企业将会想方设法逃避为后生产时代成本的“界外效应”①埋单。

空气污染

大气是物质资料生产首当其冲的垃圾倾倒场，事实上，大气中充斥着工业活动产生的二氧化碳。污染并非新鲜事物，即使最早期的城市也需要处理人类堆积的废料，需要思考如何以健康环保的方式予以处置。在工业革命早期便有相当数量的烟雾产生。随着各个地区的工业化发展，其周遭的地区开始夷为荒地，河流被污染。在当代城市报纸的记载中，不止一处描述了学童将天空涂为棕色或灰色。然而这仅是污染最显而易见的标志。毫无疑问，物质生产在全球的废物排放量急剧增长，势必会威胁到地球的未来。随着杀虫剂的推广，以及对有毒废物的处置不当，这必将会破坏我们赖以生存的自然。自工业革命以来，大气中二氧化碳的浓度已经增加了25%。这个数字本身并不是很大，但关键是我们不确定有多少被排放到了空气中。我们认为，目前二氧化碳0.04%的浓度已然太高。

或许在环境污染的各种形式中，最为可怖的是数种污染物质在大气中存留数年不散，有时甚至是几个世纪。我们今天所遗留的沉淀物将会持续存留，或许在我们都不复存在之

① 界外效应指的是交易中的成本，非直接由买方和卖方承担。

时仍带来严重的危害。除去全球变暖这一威胁之外，空气污染是每年千千万万人死亡的直接诱因，也同时在威胁着数百万人的健康。这些人健康受损的经济损失巨大，不可忽视。

水源不洁

可能不仅是大气，地球的水资源系统也因为二氧化碳的排放和相继的全球变暖而遭破坏。全球海洋自20世纪60年代以来呈现明显的变暖趋势。这给低地人带来了越来越大的压力。在下个世纪，诸如孟加拉国等整个国家是否会全国覆没都尚无定论，更不用说太平洋和加勒比海的小国家了。

个别地区海洋生物几近灭绝，这导致了气候变暖，污染加剧。地中海地区面临着变为死海的危险。在更广的范围内看，成群的常见鱼种都濒于绝种的边缘，在海洋地区对一些物种（例如金枪鱼）过度捕捞，已使它们不复存在，代之的是普通鱼种。

过去100年的环境变化也使得降雨量更加变化无常，干旱和水灾分布不规律，对农业生产规划带来了极大的困扰。

全球资本主义的发展对水源质量的影响亦是喜忧参半。一方面，随着财富的增长和科技的发展，有更多安全用水可供使用。另一方面，排放的工业和消费废料也为水源的净化带来了新的问题。在一些发达国家，有些流域的污染已经岌岌可危。在较不发达的地区，现有系统已经无法再承受水资源使用量持续加大，导致诸如霍乱之类的疾病周期性地爆发。

地球表面水资源的这些变化可能存在益处，便是可跨越北冰洋建立一个真正的西北通道。这可能会大大缩减欧亚大陆和北美之间来回的交通时间，同时，双方之间充沛的资源也不会再冻结而开始流动。但是冰川的大面积融化和水温以及盐浓度的相继上升可能会影响水和气流的基础循环。这些效应或许会导致北大西洋国家气温的灾难性变化，而那些国家正处于全球资本主义的中心地位。

填满土地

经济活动背后的“暗流”，归根结底就是土地。一个关键问题是富裕国的家庭排放出的“消费”废料数量庞大，继而流入到越来越多的发展中国家。例如，美国人均每年都会往市政系统扔掉逾1500磅的废品。自1960年以来，人均丢弃的废品实际上已经翻了一番，迅速压垮了美国的市政垃圾处理系统。

这些垃圾中有许多污染了空气和水，但是绝大部分(50%~65%，比例取决于污染的场地)残留在垃圾填埋地。出于现实因素考虑，这些垃圾填埋地不能距离污染中心太远，这会造成现有资源的浪费，也会给建立新的垃圾填埋地带来极大的困难。除了这一缺陷，有毒材料流入土地和供水系统也令人担忧，而这正是最大的安全隐患。

全球问题

这些环境问题如何“全球化”？垃圾处理已成为国际上大规模发展的行业。各个国家经济发展的“暗流”有不少最后都流入了别国的后院(通常是大部分有毒废物)。在1993—1999年之间，全球废料船运量增长了7倍，达到1200万吨。其中大部分的船运是发达国家之间特殊材料的交换，如德国是主要的垃圾出口国和进口国。在欧盟内部，超过350万吨垃圾在各个国家之间交换。包括无数的铅、锌、石油或水混合物、酸性物质以及工业溶剂。环境大污染将会波及多个国家,而不仅仅是废物的发货方和收货方,这种可能性极大。

垃圾的转移是通过《巴塞尔公约》加以约束的,而通常危险废物从富国转移到穷国则政策监管相对宽松。贸易发展的部分驱动力是,富国比穷国生产更多的垃圾。例如摩纳哥,在2002年人均产生了1176千克的市政垃圾,但是布基纳法索人均只有10千克(www.worldmapper.org)。这种转移明显是由于成本低廉(即使包括运输费用亦是如此)所推动,因为管理需求低、监督不力。最近有个事件臭名昭著,希腊人的一艘油轮,为总部位于荷兰的一家瑞士公司的伦敦分公司所租用,船上飘挂巴拿马旗,该船将石化废料倾倒于象牙海岸首都阿比让的郊区,未采取任何安全措施,最终导致至少8人死亡,多人住院。此种贸易方式已经成为货物运装卸的惯例,而这实际上已经被南亚国家所垄断,不仅造成长期的环境破坏,每年也会导致数位工人死亡。

环境可能是全球“公地悲剧”最绝好的诠释(Hardin,1968)。“公地悲剧”一词指的是消费和相应的后果截然分开,从而产生相反的动力。最原始的例子是,一个群落的所有成员都可以在公共土地上放牧。每个成员都饲养尽可能多的牲畜,这样他们能食用更多的肉类、牛奶,或获得更多羊毛,而无须承担喂养更多动物的任何成本。但是,如果一个群落的所有成员都如此行事,公共土地将会被过度放牧,假以时日将不再有利用价值。共产主义体系也面临类似的问题,公共资源私用在生活中被认为是理所当然,最终会导致贫穷和公共服务及公共部门的衰竭。当代全球体系中渔业的消亡或许是最好的例子,每个单独的船只都会尽可能多地从水域中捕捞,尤其是当该水域为他国政府所拥有,而不是为相邻海域国家所拥有时。

## –资本主义不同的模式–

这些挑战与资本主义有何关联?我们如何决定其数量规模?当然,根据苏联集团或其他共产主义体制对环境责任的记录,环境灾难不单单是资本主义国家的现象(Feshbach and Friendly,1993)。在咸海到切尔诺贝利(苏联欧洲部分中西部城市)再到诺里尔斯克(苏联西伯利亚西北部城市)这些地方的大灾难面前,资本主义发展所带来的最严重的后果也不足为意了。毫无疑问,不仅仅是资本主义,目前工业发展的全球化模式也是引起当前环境挑战的因素。

但是发展模式如何与资本主义本身断然分开?工业化的前期是采用资本主义的形式,自1989年起,地球环境的退化在很大程度上折射出了资本主义的色彩。当然,为促进资本主义发展,强调利益追求,刺激消费增长,至少也是空气受污染、垃圾堆积成山,以及地面千疮百孔的部分诱因。资本主义仍需发展一套体系,从而这些发展的"界外效应"可以体现在产品的成品上或销售利益上。极少有短期或中期的激励措施来保护环境,资本主义应为此负责。这不是系统的问题,因为没有"足够多的"环境供我们去掠取,问题在于,当我们达到生态环境的极限时,这些激励措施结构可能会自我毁灭。

资本主义的核心思想是所有人都可参与到不断扩大的

生产和消费的狂潮中来。主流的经济学家和其批评者均认识到了资本主义发展的重要性。从本质上来说,资本主义不是一个可以在某个平衡点上静止不动的系统(即使这个概念可推翻),而是即使待在同样的地方也须持续前行。

两个世纪以来,经济的持续发展没有受到任何物质限制,即使生成了“界外效应”(这是发展本身带来的缺憾,被排斥),也并没有给企业本身带来威胁。但是环境的限制却实实在在是经济发展的掣肘,威胁到资本主义制度的可行性。例如,现今的资本主义体制通过向公众许诺更长远的回报,从而使他们接受现下的不平等。但是如果今天消费的产品阻碍了明天的消费能力呢?这或许是全球资本主义面临的最棘手的问题,因为资本主义体制可能无法再提供不断增大的蛋糕给所有人一同分享。如果存在一定的限度(而事实证明,这一限度极大),每个人分到的那部分该是多少会在很大程度上成为一个法律问题。有必要认识到,这种新的限制将会在多大程度上改变资本主义及其合法性的根基,因为这一限制总将目前的产权与将来的产权联结起来。

关于谁应该为环境污染埋单的论争已经在全球引发了紧张的氛围,发达国家与欠发达国家之间就环境政策旷日持久的划分无法达成统一意见,正体现了这一点。富国要求那些开始消费的国家保持生态平衡,以对地球友好的方式消费,从而保护环境。而那些仍然挣扎在贫困线的国家则愤恨,为什么它们要为欧洲和北美的消费狂欢埋单。而同样的针锋相对也会很快在一国之内不同的阶层和代际之间展开。所有这些争端中,冲突的焦点都是一致的:为什么一方有权消费

（借款、污染）危及到另一方的经济繁荣？再次注意，这同时也是在质疑产权关系最基本的自主权：如果一方消费使得另一方所剩无几可供消费，那么前者可否自由消费不受限制？

但是如果技术前来解围呢？众所周知，随着商品价格的攀升，技术不仅改进了商品生产的手段，同时也为产品提供了多种替代品。从石油产品中便可见一斑。但是根据“杰文斯悖论”，一种资源技术效率的提高通常会导致需求增加，而非减少（Clark and York，2005）。在任何情况下，此种技术“装配”（如果有的话）的发展需要极长的时间，并在多领域推广。但是万一发生灾难，其规模和强度甚至赶超卡特里娜飓风，将会怎样？万一发生爆炸，逼迫法国放弃对核能的掌控权，再或者战争爆发或恐怖袭击使得霍尔木兹海峡关闭（世界上1/5的石油经此运输），我们又该如何应对？

这其中任何一个灾难理论上都可遇救自愈，但是考虑到环境是一个复杂的系统，环境与经济之间的关系更为复杂。这些环境破坏现象，对经济发展具有明显的制约性，可能会产生难以想象的副作用。正如信用危机的案例，全球资本主义本着负责任的态度，也不能指望这些潜在的危险都烟消云散。正如我们现在可能会希望曾聆听过卡珊多拉（特洛伊女预言家）对房地产泡沫的预言，我们也想倾向那些有关“环境”泡沫的警告。

这是否意味着我们需要放弃过去200年发展的既得利益？从很多方面来说，资本主义的成功已经给环境带来了挑战。如果我们认为资本主义应该为环境的窘境负责，我们同时也应该承认其背后的原因，认可其带来的发展成果，如人类的寿命更长，消费的选择更多，物质生活更加富足，基本生活水平有了大幅提高。指责和非难可能会带来无休无止的政治斗争，从而忽略了基本的事实，即绝大部分人是在享受或者希望可以享受到全球资本主义发展所带来的成果。任何情况下，试图说服一部分人不使用生活必需品，这种成功的可能性不大，而试图说服大多数人去相信富人的浪费会造成将来的生活匮乏，其成功的可能性更小。

但是我们可能别无选择，只能放弃至少其中一些过度的消费方式。这种决策无关乎道德或伦理，而与人遵从遗嘱做出选择类似。挥霍浪费者可能会享受多天甚至多年的逍遥，但是终有一天还要清算。资本主义需要调整的很大部分都与18世纪晚期开始实行的工业发展模式相关。与此书更为相关的问题是：如何改变资本主义的机制以解决这些环境挑战？在此我们提供如下三点建议。

第一个转变涉及所谓“界外效应”的定价和成本管理的一些形式，或者是即时交易方所承担的成本形式。可能最具说服力的案例是酸雨降落的国家并非污染源国家，或者水资源从上游开始枯竭。对于污染和其他的环境困境，必须对相关行业和个人进行定价并收费。例如，可采用“高峰期行车收费”的制度，在某个时刻或某些特定的区域，对行车额外征收费用。另外一个方式是，对资源的消费征收赋税，并不按照其目前的稀缺度（这本身已反映在市场价格中），而是以可能带来的资源损耗为标准。

按实际情况来说，所有这些成本需要政府来征收，并启用非市场政策。但即使是对环境保护极力倡导的经济合作和发展组织国家（与斯堪的纳维亚福利国家在环境政策上一致）并没有严重削弱生产和消费的降态效果。这些国家无力与资本积累的内在逻辑抗衡，也未立法规定进行大幅度的改革，更不用说采用激进的政策了（Seis，2001）。我们需要创造一种体制，利用市场机制为环境的“界外效应”征收适当的费用。出卖上空使用权、启用碳排放信用制度都大有可能，但是全球资本主义需要创立多种这样的渠道。

资本主义必须做出的第二种改变在某种程度上来说是对“界外效应”定价的一种延续。在这一情况下，我们需要开始考虑根据时间范围定义的界外效应，并推动建立更加高瞻远瞩的规划和执行方案。按照目前的结构，极少有激励措施鼓励机构或个人去考虑中期到长期的环境影响。正如信用危机或之前的经济泡沫一样，那些决策者可能会认为不必承担与他们相关的成本。因此，职业初期的不良贷款不该阻碍决策者的发展。同理，对一种资源的过度使用也不应该妨碍退休后的花费。公司的股东对环境带来破坏，但是这种环境破坏的后果在他们售卖了股票多年之后才显现出来，他们也不会为此承担责任。目前资本主义激励制度的构成依然是立足于当下。因此，没有正面的诱因刺激投资者对未来负责，反倒以牺牲将来为代价为现在谋取尽可能多的回报。归咎制度以及资本收益的变化，可能会使得这些行为出现较大改观。

资本主义体制可能创造出新的治理结构，这种构想似乎过于乐观，但是也很难想象没有这一改革，资本主义体系如何继续。公共经济资源合理开发的例子确实存在（Dolsak and Ostrom，2003），可能制定出更加可持续的政策，这也很必要。

资本主义转型的第三个，也是最难的方案是观念的转变。摒弃“非零和博弈”的理念，继而认同：一个人享受一种商品或服务将会造成另一个人无法享受。资本主义最基础的假设便是，所有人都可以同时致富，资本主义的增长是一种“双赢”现象。本章所讨论的环境制约表明，事实并非如此。认同这种环境的制约即意味着人们的行为模式需要彻底改变，我们无法准确预测这将以什么样的方式进行，但是我们首先要意识到，65亿人享受全球最富有的10亿人的物质生活，根本没有可能，更不用说模仿北美的生活方式（Daly，1996），甚至3亿美国人保持现今的生活水平都无法维持。

## –环境破产–

为了更为有力地展示资本主义发展所面临的挑战，我们可以一窥最近的信用危机现状。信用和环境有何关联呢？首先，也是最明显的，两者都可视为无限的资源。直到最近才有主流经济学家公开宣称或撰文描述拥有一定数量“自然”资源的重要性。同样的，虽然许多人开始告诫称全球经济所负担的巨额债务风险巨大，但是很少有国家预测到了2008年信用危机的广度和深度，尤其是美国。

正如传统上所认为的，地球上物质资源足够充沛，每个人都可同时致富，借贷似乎成了消费永恒的推动力。只要操作的准备金要求适当，并对全球体系保有信心，就可以一直借贷。但反常的是，许多贷方却不再指望借方能偿还债务。相反，贷款和信用卡可以保持平衡，作为一种不断增长的资产，由高利率所推动，并列为工资收入。只有少数现金需要从消费者手中倒流出来，而消费者又拥有了新的信用工具，并有能力滚动债务，因此也可以不断借债。正如早期的油井开采者盲目地在油井里燃烧汽油，似乎没必要保护遗产或准备应变系统。

2007—2008年的危机事件表明，一个体系内部的小漏洞有可能会带来灾难性的后果。在“牛市”期间建设过热，规定可给无力偿还者发放贷款，金融管理者使用可疑的记账系统以提高分红，所有这些因素导致了“完美风暴”的形成。全球经济将在21世纪带来的某些环境问题与2007—2008年的信用危机极为相似。任何一个产品系列或环境困境都对房地产的泡沫起到了推波助澜的作用。同信用危机的情形类似，诱因可能更多地与人们的期望有关，而不是与现实的影响有关。1月份气候不寻常的温暖、东欧的洪灾、灾难性的台风和飓风，所有这些都会给人们带来信心危机，从而造成物价飙升到全球经济无法运行的地步。19世纪的思想家或许宣称要征服自然，而我们则需要认识到，我们只是变得越来越依赖自然。

# 结　论

本书有两个核心目标:解释全球资本主义如何发展到当今的状态,包括2008年的信用危机事件;另外,为资本主义未来的发展道路勾画出一个蓝图。对于这两个目标,我们在分析时采用了两个关键原则:全球资本主义是历史的产物,其崛起与发展历程能够很好地诠释现有的结构;全球资本主义的发展也创制了一套复杂的体系,其特征和走向或许不可完全预测、控制。在结论部分,我们概括了主要的研究成果,并为今后在管理全球经济实况的政策上提供了些许建议。

## –如何达成目标–

追寻全球资本主义的历史踪迹,则可发现四个主要的时间转折点,这有助于我们理解其目前的结构形成。

第一个转折点发生在1500年。这是个寻常不过的日期,然而这一年标志着欧洲统治全球的开始。全球历史始于前一个世纪,一直持续了400年,这段时期至少可以理解为征服与统治的历史。欧洲人对美国人实行种族灭绝、组织大西洋奴隶贸易、控制东亚和后来的印度,以及征服中国,所有这些组成了全球经济当前的结构。关于欧洲在全球的征服活动在多大程度上促进了大西洋经济的崛起，或者同时期其潜在的竞争对手的相对没落，一直争论不断，也将会无休无止地争论下去。我们认为，这一征服过程与全球资本主义的发展之间关联度极大，须理解为全球资本主义历史的一个内在组成部分。在任何情况下，不管这种联系的历史真实性如何，世界上很多地方都把资本主义与西方统治作为同义词。这是全球经济体系面临的一个永久的合法性问题，其挑战不容忽视。

第二个关键的时间是1800年。其转折点的作用体现在三个方面。首先，在这一时期，一系列技术和组织障碍被清除，从而带来了生产和消费的迅速膨胀，因此形成了流通系统，全球资本主义正是在此基础上得以发展。这些障碍中最突出的是农业发展的限制，制约了城市化进程、劳动力的专业化，以及后来的工业生产。同时，制造业中非人力能源的应用也促进了生产力的改革，这也正是过去200年的特色。其次，第二个转折点与第一个转折点彼此相关。在整本书中我们可以注意到，“西方与世界其他地方”关于生产和消费方面的分歧大致始于19世纪早期。许多人认为，世界的持续不平等都源自这一时期，其遗留传统一直如影相随。第三，这一时期私有财产和市场交换开始联合，成为欧洲社会的核心机制，并彻底消灭了封建主义。这一转变使得资本主义相关的做法与观点首次开始主导一小部分国家，继而影响力波及世界。

在接下来的两个世纪，全球资本主义经历了非凡的大起大落。在整个19世纪，不仅生产量大增，参与的国家范围也开始扩大，消费市场更广，贸易的复杂化亦不断加深。到1914年，全球经济已经发展成熟。但在接下来的30年里，这一成果却几乎被资本主义内部之间的竞争所毁灭，并不涉及意识形态的竞争对手。大萧条带来的肃杀气氛所特有的传染效果也体现了复杂体系所有的一些特征。

第三个时间，1945年，标志着以美国及其盟国为主导的全球资本主义经济的重生。这一时期创造了新的资本主义形式，相应的法令更加规范，福利供应也更多。由此带来的“辉煌的30年代”经历了资本主义的第二次蓬勃发展，但是其发展进程仍然由于20世纪70年代和80年代的经济危机而滞缓。

1989年柏林墙的倒塌是资本主义发展史上最后一次伟大的转折。在接下去的10年，三股潮流在此期间汇合。第一个是资本主义在意识形态领域的胜利，因为资本主义不仅将触角延伸到世界各地，同时，在新的思维和道德层面也加强了对各个社会的渗透。第二个趋势是太平洋国家加入此前的北大西洋集团。这带来了新的生产和创新源泉，同时也新生了数百万消费者。第三个趋势是技术改革，其影响力与18世纪和19世纪别无二致。技术革新使得全球体系各个部分之间的互相交流成为可能。但是，这些趋势的汇合作用不仅促进了20年经济史无前例地增长，同时也使资本主义体系更具复杂性、联系更紧密，使这一体系更加脆弱。

纵观全文，在每一个转折期，我们都强调了国家与市场之间的互动，以及政治和经济原因之间的关联。在第一次历史转折点尤为明显，因为没有国家的大力支持，欧洲帝国不可能建立起来。因此，从全球经济的网络体系和其等级制度来分析，可明显看出全球经济体系的发展仍然遵从帝国的纲领。19世纪通常被认为是自由放任经济政策实行的顶峰，但是我们必须认识到有多少保护主义政策（也离不开国家法制）作为很多国家工业化发展的基石。另外，日渐庞大的市场运转所需要的设施和政策也是国家权限范围之内的功能。不参考地缘政治竞争则无法理解战后的经济秩序。除此之外，由国家统治权力支持的一整套全球体制为国际贸易提供了基本的治理模式，对于这一体制的重要性毫无疑问。从某种程度上来说，这总是比现实更有说服力，但是市场原教旨主义在塑造21世纪经济体制方面其影响力不容小觑。2008年的危机便是这一思维方式（意识形态）的结果，忽视了全球资本主义的社会和政治基础。

没有某些形式的政治治理，我们所强调的市场体制、财产以及市场等都不可能存在。对于建立并保护产权，治理结构还是有必要的，除非我们希望依靠有针对性的治安强制。财产持有者希望参与交换，他们之间的谈判因为存在合同强制执行的机制而变得极为容易。国家并非市场的敌人，而是其伙伴。

历史也是全球体系等级结构背后的力量。本书传达的一个核心宗旨在于“全球化”一词的局限性。世界并不是平的，对于大部分人来说，经济全球化更多的是一种呜咽的抽泣而非一声巨响。全球经济的一些活动（在麦当劳就餐、浏览网页、飞往世界各地）并不是在所有地方都可实现。即使对于那些参与全球经济体系的人来说，多数人也只是在相对有限的基础上参与。

为什么会出现此种等级结构？全球资本主义该如何为此负责？全球工资收入差距早在当代全球经济秩序建立之前便

已存在。可以说,资本主义产生之前的衰败更多的是与非洲或南美的落后有关,而非与当代跨国公司的作为有关。一国加入全球资本主义体系的历史具有惯性特征。过去30年太平洋国家的繁荣,最令人称奇的地方在于这一地区不着历史痕迹。但是我们应该尊重那一时期历史的独特之处,也不期望这一独特的道路为所有国家效仿。我们认为全球资本主义可以使一国变得更加富裕,但首先它需要融入这一系统,也需要以利于发展的方式进行。实行独裁统治或一味剥削都行不通。

## –我们身处何方–

我们常会提及全球经济体系内在的复杂性。2007年和2008年的经济危机及其影响恰如其分地说明了这种复杂性以及相关的危险性。全球经济体系涉及亿万种交易。这其中多是建立在其他交易的成果之上。全球经济体系是自发调节的,因为经济行为部分是由交易活动本身的规律来指导的。计算机技术的发展使得这些交易已经连成一张网,联系越来越紧密,交易速度越来越快。全球体系紧张有致,甚至少有时间自我调整,因此错误层出,而且传染性极高。

注意我们业已强调过的以下三个机制之间的关联:商品流动、货币和市场化。我们可从消费者的爆炸性需求开始论述。200年以来,消费者的需求迅猛增加是全球资本主义崛起的特征,而资本主义在过去20年全球化的覆盖面更广、影响力更大。这为其他两个机制创造了机会:需求刺激的贸易发展,以及信用卡的诞生。信用卡被用来作为支付工具,同时也带来了资本市场的扩张。而金融的发展反过来使得国际贸易交易成为可能，因为没有国际信用的发展，此类交易无法实现。金融行业持续发展，这一需求刺激了人们开始去挖掘更多借贷潜力巨大的消费者。而反过来，由于全球贸易体系的发展，生产的专业化在规模和水平上日臻完善，大幅降低了诸多产品的价格，因此使得消费革命成为可能。随着此前已关闭的国内资金市场不得不重新开放以展开投资竞争，货币便源源不断地随商品流入市场。

这三者之间环环相扣，任何一方产生危机便会立刻波及其他。银行为了在财政上控制螺旋上升的抵押市场，不得不最终接受许多贷款都是不良贷款这一事实。由于举债经营的泛滥以及证券化带来的风险扩散，金融行业已陷入冻结。而消费的绝大部分是靠信用支撑的，因此这也导致了购物的全面减少，从住房到家具再到汽车等。销售量和贸易的减少当然也使得其他贷款的还款更有难度，因此给信用市场带来更多压力。这一循环从企业到国库都难以逃脱。美国过度消费和中国过度节约之间的关联便是全球资本主义多种因素如何整合的具体实例。中国的出口下跌以及美元的显性疲软导致中国政府开始重新考虑其对美国国库券的承诺。这给整个世界带来了震动，更加动摇了股票市场，也因此降低了消费者购买中国产品的能力。这种交互影响的传播速度之快，以至于无法预测市场变化的方向或规模，更不用说采取相应措施了。

全球资本主义所面临的挑战也具备此种复杂性。我们已经清楚，经济体系需要一个更为强有力、更明晰的治理体制；诸如“繁荣的30年代”等时期的成功，有部分原因是由于政府的干预，不仅通过提供福利增加了社会消费，同时也建立了稳定、可预见的国际贸易机制。但是，这种复杂性看似需要某些程度的治理，而正是体系的复杂性本身使得治理成为不可能。从其本质上来说，复杂的体系常会难以控制，如遇危机，人们无法确认危机的来源以及解决预案将会如何影响体系的运行。

若要使全球体系更加公平，则需要处理几股矛盾，这些矛盾随着全球化的传播已经显山露水：一部分人的机会意味着要牺牲另一部分人的利益。虽然全球化的总体利益显而易见，这并不意味着每个个体都表现甚好。美国工会制造业就业机会的丧失就是一个典型的例子。生产活动海外转移给许多人创造了更多的就业机会，通常待遇也更高，而且相应的生产动力效能提高，降低了产品价格的同时也提高了质量。这种工作机会的转移改善了国家之间的不平等，但是对于那些被替代而下岗的职工，他们的经济生活方式也因此消失。这些就业机会的转移带来了巨额利润（主要被拥有资本的社会阶层所拥有），加上这一因素，美国内部之间的不平等更为加剧。这同时也加剧了接受新就业机会的国家内部的不平等，因为新产业的工人与被边缘于全球经济之外的同胞之间距离越来越远。这种分配上的转移有政治选择的因素，可能通常会与基本的经济逻辑背道而驰。全球资本主义无法忽视政治压力，无法假装其行为的社会影响力无关紧要，但全球资本主义也不仅仅是政治的一个工具。如何定位中间立场将是全球资本主义下各阶段的主要任务之一。

所有这些挑战在我们所面临的环境问题面前都相形见

绌。对于环境挑战，有一系列分析模式提供了不同的时间表和相应的风险分析，但我们不能认为现有资源用之不竭，这是一致公认的观点。资本主义在环境方面的可持续性必须成为政策制定的一部分。问题在于全球资本主义并非是个人拥有或运行的，而是一个集体组织，所有的激励措施推动着经济活动的参与者迫使他人为环境问题埋单。另外，我们同时还需要做的决定也包括分配问题：谁应该得到什么？应该得到多少？此前谈论的不平等使得跨国合作较为困难，例如，我们何时开始监测环境？1800年还是2010年？此种争论不仅在国家之间进行，一国内部也有不同意见，因为一些群体必须付出更多才能得到他们此前认为理所应当得到的。这同样也会涉及政治选择和政治压力，而解决治理以不平等两难困境时也会遇到，两者或许会有冲突。

最后，每个挑战在其本质上都与我们所描述的结构相连。全球金融的建设有利于形成（并非决定）不平等的层级。这一部分或许是最难控制的，但却是最为必要的。贸易使我们彼此之间互相依赖，程度之深，我们必须顾及一定的规则，以保证稳定和一些形式的公平。当然，社会对消费的重视可能会是环境面临的最大威胁，我们要么需要接受新的标准，要么采取新的政策。换句话说，资本主义面临的威胁可能同时也是其发展动力。解决问题的过程或许会产生更大的问题。正如复杂的工程体系，解决方案可能会带来更严重的困境。

## –全球资本主义的悖论–

后代将会视2008年的危机事件为资本主义历史另一章

的收幕大戏。很难指望这一年不像1929年或1973年那样的口吻被叙述出来。但是现在开启的下一章将会发生什么？一个稍嫌悲观但可被经验证实的观点是：我们可能正在埋下下一场大危机的种子。而持乐观态度的人则认为（当然也是情理之中），我们有机会在下一场大危机来临之前实现巨大的社会进步。但是毫无疑问，我们正处于一个关键时期，旧的体制摇摇欲坠，在接下来几年中我们所要做的将会为下一代体制化的"资本主义制度"奠定基础。

若回顾资本主义大戏最后一章的历史，则可发现，巨额收益和同样的集体惨败，引起人们极大的担忧。目前，我们的使命是从中吸取有用的教训，以指导建立更好的经济组织机制。坚持什么？放弃什么？对这一问题，社会科学无法提供一个绝对的答案，因为这不仅涉及体制方式，同时也是伦理选择。我们可做的便是展现历史，提供分析，满足需求，如此，将来经济发展的方式可达成我们最重视的目标。

过去20年，资本主义在全球的整合度越来越高、专业化越来越强，更多为私人所拥有、管理，监管越来越少，商品化和商业化趋势也越发明显，政治和法制常规上日渐实行统一的制度。这些变化源于两个基本的经济组织概念：私有财产和市场交换。由于官方的投入，这两个概念日益传播并最终根深蒂固。其结果是复杂的。人们变得更加富裕，虽然并非是所有人。大量投资投放于经济扩张，但在这个过程中却损害了金融的稳定性和自然环境。在很多方面，我们摒弃传统、放弃当地特色的物质生活，转而兴致勃勃地迎接更加全球化、迷恋消费的生活方式和文化。我们克服了经济滞缓的巨大压力,但在这个过程中也释放了新的压力。

我们目前所处的困境可能是人类经济组织不可避免的维度。约瑟夫·熊彼特认为这种时刻是一种理想化的毁灭与重生的过程,是资本主义“创造性的破坏”。这种破坏是创造性的,意指当代资本主义多数是建立在以往的经济、政治和社会体制的废墟之上;旧的体制被毁坏,为现代经济创造让渡空间。而这种创造性是否总是值得期待,则完全是另外一回事了。

若全球资本主义事实上创造了所有的新生财富,给跨文化交流带来了诸多机会,赋予新的个人自由、消费和投资机会,或是世界核心大国之间地缘政治上的相对和谐,那么我们应该担忧肯定会失去这些利益。然而,如果不平等、持续的经济压力、环境退化、卡西诺式的金融体系,或是我们所珍视的传统价值观的颠覆等这些问题没有在全球资本主义体制下得以很好的解决(或是由全球资本主义引起),那么我们可能要重新考虑资本主义的一些原则了。

首先,期望全球资本主义自我管理不仅是异想天开,而且这种愚行我们不能再反复。全球资本主义在历史上已经创造了无尽的繁荣,但也需要某些形式的治理,从而避免个人的动机可能引起的发展畸形。全球资本主义是历史成果、政治选择和社会期待综合作用的结果,因此在考量其成本和收益时必然要将这些因素纳入考虑范围。

其次,全球资本主义无法忽视环境的制约,或希望仅通过技术或价格机制来解决环境问题。若是如此,必会将整个社会置于巨大的风险之中。保持发展原状的所得不会也无法平衡眼前可能发生的经济困境。由于无法预测我们的行为将何时带来大灾难之后的恐惧，我们投资谨慎，并接受低利率的经济回报，也是情理之中。这必定会牵涉如何衡量成本的体制转型，以及关乎我们对消费量期待值的文化转变。

最后，这些决策将会同样遇到分配不均的问题，正如全书所讨论的那样。选择做什么可能是全球资本主义最棘手的疑问。历史教训在此不甚明了：一方面，不公正大量存在，但社会数个世纪仍未消亡；另一方面，全球资本主义的复杂性和其整合特性使得不公正无法长期维持。全球资本主义已经创造了一个开放的世界，这反过来也丰富了我们的生活。同时，我们彼此之间日渐依赖，这种依赖性伴随着责任，以保证全球体系可顾及所有人，而不仅是少数特权阶层。无论全球资本主义是否可以实现这一愿景，都将决定其命运。

（京）新登字083号

图书在版编目（CIP）数据
全球资本主义/[美]森特诺，[美]科恩著；郑方，徐菲译. —北京：中国青年出版社，2013.1
（国际热点）
书名原文：Global Capitalism
ISBN 978-7-5153-1365-8
Ⅰ.①全… Ⅱ.①森…②科…③郑…④徐… Ⅲ.①资本主义经济—研究—世界 Ⅳ.①F112.7
中国版本图书馆CIP数据核字（2012）第294820号



出版发行：中国青年出版社
社　　址：北京东四十二条21号
邮政编码：100708
网　　址：www. cyp. com. cn
编辑电话：(010)57350510
责任编辑：李杨
营　　销：北京中青人出版物发行有限公司
电　　话：(010)57350517 57350522 57350524
印　　刷：北京嘉业印刷厂
经　　销：新华书店

开　　本：880×1280 1/32
印　　张：6.75
插　　页：2
字　　数：140千字
版　　次：2013年1月北京第1版第1次印刷
定　　价：25.00元

本图书如有印装质量问题，请与出版部联系调换联系电话：(010)57350526